EERSTE EDITIE - Gepubliceerd in 2022

Extra grafisch materiaal van: www.freepik.com
Dank aan: Alekksall, Starline, Pch.vector, Rawpixel.com, Vectorpocket, Dgim-studio, Upklyak, Macrovector, Stockgiu, Pikisuperstar & Freepik.com Designers

5 TIPS OM TE BEGINNEN!

1) HOE OP TE LOSSEN

De Puzzels zijn in een Klassiek Formaat:

- Woorden worden verborgen zonder pauzes (geen spaties, streepjes, ...)
- Oriëntatie: Voorwaarts & Achterwaarts, Boven & Beneden of in Diagonaal (kan in beide richtingen)
- Woorden kunnen elkaar overlappen of kruisen

2) ACTIEF LEREN

Naast elk woord is een spatie voorzien om de vertaling te noteren. Om actief te leren vindt u een **WOORDENBOEK** aan het einde van deze editie om uw kennis te controleren en uit te breiden. U kunt elke vertaling opzoeken en opschrijven, de woorden in de puzzel vinden en ze vervolgens aan uw woordenschat toevoegen!

3) TAG JE WOORDEN

Hebt u al geprobeerd een labelsysteem te gebruiken? U zou bijvoorbeeld de woorden die moeilijk te vinden waren kunnen markeren met een kruis, de woorden die u leuk vond met een ster, nieuwe woorden met een driehoek, zeldzame woorden met een ruit enzovoort...

4) ORGANISEER UW LEREN

Wij bieden ook een handig **NOTITIEBOEKJE** aan het eind van deze uitgave. Of u nu op vakantie, op reis of thuis bent, u kunt uw nieuwe kennis gemakkelijk ordenen zonder dat u een tweede notitieboek nodig hebt!

5) AFGESLOTEN?

Ga naar de bonussectie: **FINAAL UITDAGING** om een gratis spel te vinden dat aan het einde van deze editie wordt aangeboden!

Wil je meer leuke en leerzame activiteiten? Het is Snel en Eenvoudig!
Een hele collectie spelboeken slechts **één klik verwijderd!**

Vind uw volgende uitdaging bij:

BestActivityBooks.com/MijnVolgendeBoek

Klaar... Start!

Wist u dat er zo'n 7000 verschillende talen in de wereld zijn? Woorden zijn kostbaar.

We houden van talen en hebben hard gewerkt om de boeken van de hoogste kwaliteit voor u te maken. Onze ingrediënten?

Een selectie van onmisbare leerthema's, drie grote plakken plezier, dan voegen we er een lepel moeilijke woorden en een snuifje zeldzame woorden aan toe. We serveren ze met zorg en een maximum aan verrukking, zodat je de beste woordspelletjes kunt oplossen en veel plezier beleeft aan het leren!

Uw feedback is essentieel. U kunt een actieve bijdrage leveren aan het succes van dit boek door een recensie achter te laten. Vertel ons wat u het meest beviel in deze editie!

Hier is een korte link die u naar uw bestelpagina brengt:

BestBooksActivity.com/Recensies50

Bedankt voor uw hulp en veel plezier met het spel!

Linguas Classics

1 - Metingen

```
L A R G H E Z Z A P R C E J
C E N T I M E T R O E H F D
X T P R T J X M J L L I E M
J F W H P K T E D L S L Z B
T P N Y I B Y T E I R O W W
O O F R I N K R E C X G X D
X D N C H I L O M E T R O M
K E C N M A S S A L B A M I
P C P H E G L H C N H M G N
E I O B P L I T R O T M R U
S M N C K K L Z E W O O A T
O A C T Y J C A L Z K S M O
O L I M A R O Q T D Z U M B
R E A E Z E U L T A R A O X
```

LARGHEZZA	CHILOMETRO
BYTE	LITRO
CENTIMETRO	MASSA
DECIMALE	METRO
PESO	MINUTO
GRAMMO	ONCIA
ALTEZZA	PINTA
POLLICE	TONNELLATA
CHILOGRAMMO	

2 - Keuken

```
T F M C S P U G N A F A R B
E R E O H P I K N G O B C O
D I S L W I E K K A R A J L
A G T T C T O Z A W N C E L
G O O E H I Y O I M O C K I
R R L L J K O D X E B H L T
I I O L H B X T A Z Z E C O
G F C I B O Y B O R E T U R
L E I E Y N R R W L R T C E
I R U G T G P O D G A E C U
A O E G I T F C F O G Q H A
J L V A S O A C S J P H I P
I C K H K P I A D Y H D A U
X G R E M B I U L E D L I E
```

TAZZE   FORNO
BACCHETTE   MESTOLO
GRIGLIA   VASO
BOLLITORE   RICETTA
FRIGORIFERO   GREMBIULE
CIOTOLA   SPEZIE
BROCCA   SPUGNA
CUCCHIAI   CIBO
COLTELLI

3 - Boten

```
N  J  T  B  A  R  C  A  A  V  E  L  A  E
A  N  O  R  I  H  D  E  H  P  U  E  L  M
U  D  K  Z  A  T  T  E  R  A  L  O  Z  C
T  C  W  W  L  G  K  P  O  N  D  E  Y  B
I  F  I  U  M  E  H  A  N  C  O  R  A  O
C  M  A  R  E  P  L  E  C  O  R  D  A  A
O  E  F  J  Q  R  D  Y  T  K  A  O  Y  I
M  A  R  I  T  T  I  M  O  T  M  C  A  I
C  E  Q  U  I  P  A  G  G  I  O  K  C  R
C  A  Y  T  H  X  Z  N  X  I  T  A  H  T
P  R  N  X  W  L  A  G  O  B  O  Y  T  G
Q  D  X  O  B  G  F  R  L  Q  R  A  O  T
U  H  W  N  A  E  R  B  W  T  E  K  Q  K
A  L  B  E  R  O  O  C  E  A  N  O  Q  B
```

ANCORA	LAGO
EQUIPAGGIO	MOTORE
BOA	NAUTICO
DOCK	OCEANO
ONDE	FIUME
YACHT	CORDA
KAYAK	TRAGHETTO
CANOA	ZATTERA
MARITTIMO	MARE
ALBERO	BARCA A VELA

4 - Chocolade

```
R  I  C  E  T  T  A  R  I  Z  C  N  D  E
B  H  E  B  A  A  Q  G  N  U  A  O  E  S
R  L  Y  Y  H  N  E  M  G  C  R  C  L  O
B  R  A  M  A  T  Y  K  R  C  A  E  I  T
A  R  A  C  H  I  D  I  E  H  M  D  Z  I
C  R  M  I  D  O  D  H  D  E  E  I  I  C
A  Q  O  G  U  S  T  O  I  R  L  C  O  O
R  U  C  M  X  S  Y  H  E  O  L  O  S  P
A  A  A  D  A  I  K  K  N  E  A  C  O  O
M  L  C  O  F  D  G  L  T  M  M  C  I  L
E  I  A  L  I  A  S  Z  E  I  A  O  D  V
L  T  O  C  W  N  C  A  L  O  R  I  E  E
L  À  K  E  A  T  P  W  R  R  O  J  N  R
O  Q  M  P  R  E  F  E  R  I  T  O  R  E
```

ANTIOSSIDANTE	NOCE DI COCCO
AROMA	QUALITÀ
AMARO	ARACHIDI
CACAO	POLVERE
CALORIE	RICETTA
ESOTICO	GUSTO
PREFERITO	CARAMELLA
DELIZIOSO	ZUCCHERO
INGREDIENTE	BRAMA
CARAMELLO	DOLCE

5 - Tijd

```
M M S A T A S F U G S J K Z
A N E F P S E T T I M A N A
T X C I X O P G I O X O D G
T G O D X I R P Y R Z G U H
I W L P R E E O M N S G L R
N D O P O R S S L O L I A A
A E A B G I T B D O M A N I
A C D O P O O L D X G J N M
M E Z Z O G I O R N O I O I
O N A N N U A L E O P O O N
R N M E S E X B Z T M R X U
C I F U T U R O Y T O T X T
G O A S H R J U W E D R N O
C A L E N D A R I O Z G A D
```

GIORNO
DECENNIO
SECOLO
IERI
ANNO
ANNUALE
CALENDARIO
OROLOGIO
MESE
MEZZOGIORNO

MINUTO
DOMANI
DOPO
NOTTE
MATTINA
FUTURO
ORA
OGGI
PRESTO
SETTIMANA

6 - Meditatie

```
B N P O S T U R A O U P S W
U W C E M O Z I O N I Y I I
W T U M U S I C A Y K E L E
C O M P A S S I O N E I E C
C P A T T E N Z I O N E N H
R E S P I R A Z I O N E Z I
M S N E N V F N B A W M I A
E V I N P A C E N U T Y O R
N E C S C Z B B L A Q M B E
T G W I F I Y Y U I T M N Z
A L B E J O J G R T C U G Z
L I I R K N O W Y Y P I R A
E O W I L E Y Z X P K Q T A
M O V I M E N T O Y M X I À
```

ATTENZIONE	COMPASSIONE
RESPIRAZIONE	MENTALE
MOVIMENTO	MUSICA
EMOZIONI	NATURA
PENSIERI	OSSERVAZIONE
FELICITÀ	SILENZIO
CHIAREZZA	PACE
POSTURA	SVEGLIO

7 - Zomer

```
F T K P U S L A S T G E R M
R A F C I B O M P V I F Y R
I T M G A O L I I I A M Y I
L E Y I L S F C A A R N D C
A M I O G R A I G G D N R O
S P M I K L J U G G I U L R
S O M A A Z I Q I I N O I D
A L E R R K U A A O O T B I
M I R Y E E M U S I C A R L
E B S A N D A L I F Z R I F
N E I V A C A N Z A E E X G
T R O S T E L L E Z N N O S
O O N K S C A M P E G G I O
A P E M H N D D N K K X K T
```

LIBRI	STELLE
IMMERSIONE	SPIAGGIA
FAMIGLIA	GIARDINO
RICORDI	VACANZA
CASA	CIBO
CAMPEGGIO	GIOIA
MUSICA	AMICI
RILASSAMENTO	TEMPO LIBERO
VIAGGIO	MARE
SANDALI	NUOTARE

8 - Vogels

```
L G F B W D D T W I G G G P
P I C C I O N E U W Y L Q A
W Z N D I N H H Q C A E K P
O U F Q X G A B B I A N O P
P A S S E R O O U C P N U A
E J K O B S L C L O O C O G
L N D I R R T A A G L I N A
L A I R O N E R T N L G Z L
I P A V O N E M U A O N X L
C U C U L O Z U W Z U O A O
A J M K W G J H G L Z O D O
N N O E P I N G U I N O V B
O A N A T R A C F A L C O O
U B W F E N I C O T T E R O
```

PICCIONE   CICOGNA
ANATRA   PAPPAGALLO
UOVO   PAVONE
FENICOTTERO   PELLICANO
OCA   PINGUINO
FALCO   AIRONE
POLLO   STRUZZO
CUCULO   TUCANO
GABBIANO   GUFO
PASSERO   CIGNO

9 - Behoud

```
E  V  P  E  S  T  I  C  I  D  A  U  S  R
H  P  E  D  U  C  A  Z  I  O  N  E  O  I
A  N  Z  R  A  C  Q  U  A  N  B  Y  S  C
B  M  P  Q  D  E  X  Z  E  N  O  Y  T  I
I  J  B  C  I  E  K  P  J  H  C  P  E  C
T  R  Y  I  O  R  G  A  N  I  C  O  N  L
A  Q  Z  C  E  T  S  A  L  U  T  E  I  A
T  R  G  L  P  N  F  J  H  K  T  Q  B  R
Z  J  I  O  O  Q  T  K  G  M  T  M  I  E
H  B  D  D  Y  B  N  A  T  U  R  A  L  E
C  G  M  D  U  T  I  C  L  I  M  A  E  P
I  Z  K  R  C  R  U  A  I  E  K  H  S  E
Q  P  R  L  G  X  R  G  Q  C  P  G  M  Q
C  A  M  B  I  A  M  E  N  T  I  M  S  I
```

SOSTENIBILE   EDUCAZIONE
CICLO   ORGANICO
SALUTE   PESTICIDA
VERDE   RICICLARE
HABITAT   CAMBIAMENTI
CLIMA   RIDURRE
AMBIENTALE   ACQUA
NATURALE

10 - Wiskunde

```
R E T T A N G O L O U F R L
E X Q Z S U C A S F E R A E
I S A R I T M E T I C A G P
P E R I M E T R O P I Z G A
Z Z A G M N Y F K O D I I R
C O D S E A N G O L I O O A
B J Y U T K C E D I V N D L
Q U A D R A T O I G I E E L
S V P M I O O M A O S C C E
N O O X A I H E M N I Y I L
D N M L M U C T E O O I M O
U K D M U Z Y R T E N O A P
Z C B E A M P I R F E B L L
P I Y R B C E A O O S N E O
```

SFERA   RETTANGOLO
DECIMALE   ARITMETICA
DIAMETRO   SOMMA
DIVISIONE   RAGGIO
FRAZIONE   SIMMETRIA
GEOMETRIA   POLIGONO
ANGOLI   QUADRATO
PERIMETRO   VOLUME
PARALLELO

11 - Camping

```
Q G R T M U M C M Y S P A L
C A N O A U A O C A B I N A
C Q A A Y L P R I D F I I G
R J T B I W P D C X U F M O
Q F U H A N A A F A O Q A H
S W R C R I S M F U C K L F
B U A C A P P E L L O C I B
E U T E N D A Z T H T K I N
N O S O D E M O N T A G N A
M O D S G E X S X F O G A M
L U N A O A V V E N T U R A
S W X Z R L F O R E S T A C
Q B L D Y T A L B E R I P A
L A N T E R N A S G G B F S
```

AVVENTURA
MONTAGNA
ALBERI
FORESTA
FUOCO
CABINA
ANIMALI
AMACA
CAPPELLO
INSETTO

CACCIA
MAPPA
CANOA
BUSSOLA
LANTERNA
LUNA
LAGO
NATURA
TENDA
CORDA

12 - Activiteiten

```
C P L M Y C A M P E G G I O
R I E A W U C E R A M I C A
I A T G J C Y P U R H G R Z
L C T I F I E E J T T I F H
A E U A A R P S D E S A O N
S R R R I E H C W I B R T A
S E A P D Y D A N Z A D O T
A B I L I T À Z E B D I G T
M C P P I T T U R A P N R I
E A A U O E X K Z X D A A V
N W A C Z Q Y H C K T G F I
T E I C C Z T T M Z Y G I T
O X W U I I L J Y E T I A À
B L T E F R A E B I S O X C
```

ATTIVITÀ
DANZA
FOTOGRAFIA
PESCA
CACCIA
CAMPEGGIO
CERAMICA
ARTE
LETTURA

MAGIA
CUCIRE
RILASSAMENTO
PIACERE
PUZZLE
PITTURA
GIARDINAGGIO
ABILITÀ

13 - Vormen

```
Y  L  B  S  N  L  O  L  S  H  S  M  R  T
M  R  I  U  H  P  I  R  A  M  I  D  E  M
C  E  R  C  H  I  O  N  F  J  P  S  T  G
I  I  P  E  R  B  O  L  E  W  O  F  T  F
C  G  P  P  P  R  I  S  M  A  L  E  A  T
C  U  C  I  L  I  N  D  R  O  I  R  N  R
L  C  B  O  R  D  I  O  C  Z  G  A  G  I
B  U  D  O  Y  C  U  R  V  A  O  X  O  A
A  N  G  O  L  O  L  C  W  F  N  J  L  N
B  Q  U  A  D  R  A  T  O  O  O  M  O  G
A  B  I  J  K  Z  T  O  V  A  L  E  T  O
M  R  L  I  D  F  O  L  Q  E  M  C  O  L
C  Z  C  R  O  T  O  N  D  O  E  T  D  O
L  J  S  O  C  O  N  O  B  F  A  K  Q  S
```

SFERA

ARCO

CILINDRO

CERCHIO

CURVA

TRIANGOLO

ANGOLO

IPERBOLE

LATO

CONO

CUBO

LINEA

OVALE

PIRAMIDE

PRISMA

BORDI

RETTANGOLO

ROTONDO

POLIGONO

QUADRATO

14 - Astronomie

```
S A T E L L I T E U P J A J
W R A D I A Z I O N E T S X
T N S T E L L A R I G E T L
M U T E R R A C K V R L R U
E A E C Q A I P R E A E O N
T S R B O U S M I R V S N A
E N O H X S I T U S I C A I
O E I R I M M N R O T O U R
R B D C X P W O O À P T A
A U E A K T M I O Z N I A Z
D L P I A N E T A N I O R Z
C O M E T A Z O R X F O M O
O S S E R V A T O R I O T O
U A A K K E J T X D K D H O
```

TERRA
ASTEROIDE
ASTRONAUTA
ASTRONOMO
EQUINOZIO
COMETA
COSMO
LUNA
METEORA
NEBULOSA

OSSERVATORIO
PIANETA
RAZZO
SATELLITE
STELLA
RADIAZIONE
TELESCOPIO
UNIVERSO
GRAVITÀ

15 - Emoties

```
N  R  U  E  F  T  C  S  E  O  R  C  J  H
A  A  E  C  T  E  G  O  S  G  I  O  I  A
E  B  U  C  R  N  P  R  O  R  L  N  M  T
U  B  R  I  I  E  S  P  D  H  A  T  B  R
B  I  R  T  S  R  I  R  D  J  S  E  A  A
S  A  O  A  T  E  P  E  I  Q  S  N  R  N
T  I  Q  T  E  Z  A  S  S  S  A  U  A  Q
C  M  M  O  Z  Z  U  A  F  L  T  T  Z  U
P  Q  Q  P  Z  A  R  M  A  O  O  O  Z  I
C  A  L  M  A  Z  A  O  T  N  O  I  A  L
S  J  C  C  B  T  K  R  T  Q  W  W  T  L
G  M  Y  E  P  A  I  E  O  F  D  Q  O  I
X  X  O  E  G  W  N  A  G  R  A  T  O  T
B  E  A  T  I  T  U  D  I  N  E  P  M  À
```

PAURA	TRANQUILLITÀ
IMBARAZZATO	SIMPATIA
GRATO	TENEREZZA
TRISTEZZA	SODDISFATTO
BEATITUDINE	SORPRESA
CONTENUTO	NOIA
CALMA	PACE
AMORE	GIOIA
RILASSATO	RABBIA
ECCITATO	

16 - Vakantie #2

```
S R I S T O R A N T E W T P
T P V S K S Q V S E L O R R
E T I C X Y M A P P A S H E
M R A A M L A C E D Q T M N
P E G M G T R A S P O R T O
O N G P Y G E N H K T A E T
L O I E T C I Z B O X N N A
I Y O G W Z T A G T T I D Z
B N B G V I S T O A Y E A I
E R E I S O L A Z X W R L O
R J I O B Q J E O I K O U N
O N A E R O P O R T O W T I
D E S T I N A Z I O N E C D
H W C P A S S A P O R T O W
```

DESTINAZIONE	RISTORANTE
STRANIERO	SPIAGGIA
ISOLA	TAXI
HOTEL	TENDA
MAPPA	TRENO
CAMPEGGIO	VACANZA
AEROPORTO	TRASPORTO
PASSAPORTO	VISTO
VIAGGIO	TEMPO LIBERO
PRENOTAZIONI	MARE

17 - Weersomstandigheden

```
A R C O B A L E N O B T T B
T D L F U L M I N E C U Z L
M V I W H S B J M G G O C A
O E M T P R W S R H C N A U
S N A W H L R U M I D O L F
F T E T E M P E R A T U R A
E O E B A B S C F C X R Y B
R T S M B D S I S C P A F G
A O I O P I Z E S I L G P G
Y R C N N E A L P O L A R E
P N C S S U S O K K U N R Q
B A I O X C B T X A S O C K
B D T N Q S D E A G I G U K
R O À E R T R O P I C A L E
```

ATMOSFERA	POLARE
FULMINE	ARCOBALENO
TUONO	TEMPESTA
SICCITÀ	TEMPERATURA
CIELO	TORNADO
GHIACCIO	TROPICALE
CLIMA	UMIDO
NEBBIA	VENTO
MONSONE	NUBE
URAGANO	

18 - Strand

```
F  E  V  O  C  G  L  B  C  G  L  S  D  R
E  A  A  X  C  J  D  Q  O  X  A  A  U  C
Y  P  C  D  A  E  U  Q  S  D  G  N  X  A
M  D  A  B  L  U  A  O  T  O  U  D  U  I
S  R  N  K  N  M  D  N  A  C  N  A  I  S
A  F  Z  L  D  U  W  M  O  K  A  L  R  O
I  B  A  R  C  A  A  V  E  L  A  I  Y  L
C  U  S  H  D  G  R  A  N  C  H  I  O  A
O  M  B  R  E  L  L  O  R  S  O  L  E  L
Q  B  S  A  S  C  I  U  G  A  M  A  N  O
S  C  O  G  L  I  E  R  A  B  A  R  C  A
N  U  O  T  A  R  E  M  L  B  L  S  B  P
B  U  U  A  G  O  R  F  H  I  R  N  U  Y
M  A  R  E  T  Z  S  B  I  A  A  Y  B  A
```

BLU   OMBRELLO
BARCA   SCOGLIERA
DOCK   SANDALI
ISOLA   VACANZA
ASCIUGAMANO   SABBIA
GRANCHIO   MARE
COSTA   BARCA A VELA
LAGUNA   SOLE
OCEANO   NUOTARE

19 - Eten #2

```
P E S C A I G G G M M C L O
A R K W M B R O C C O L O U
N P O L L O A S P A R A G O
E X B S O W N U S I K Q J V
M D A Y C P O M O D O R O O
E A N F Q I D E Q E R I S O
L I A C S T U V A R O Y I Z
A Y N R L T Q T I U P O L H
E N A D D R L P T L E G D E
M M A N D O R L A O S U E D
E H X N Z T J K S K C R Q U
D M E L A N Z A N A E T I P
K I W I N S Z H S K R O G G
F O R M A G G I O J N Y H Q
```

MANDORLA	PROSCIUTTO
ANANAS	FORMAGGIO
MELA	POLLO
ASPARAGO	KIWI
MELANZANA	PESCA
BANANA	RISO
BROCCOLO	GRANO
PANE	POMODORO
UVA	PESCE
UOVO	YOGURT

20 - Klimmen

```
N  C  U  R  I  O  S  I  T  À  S  G  T  X
A  L  T  I  T  U  D  I  N  E  F  K  G  T
S  T  A  B  I  L  I  T  À  Z  I  K  J  E
L  E  S  I  O  N  E  P  P  N  D  G  P  R
G  F  O  R  Z  A  X  M  Z  J  E  R  I  R
M  X  M  P  F  O  R  M  A  Z  I  O  N  E
I  O  A  T  M  O  S  F  E  R  A  T  Q  N
G  U  A  N  T  I  F  S  T  R  E  T  T  O
M  S  M  F  C  D  I  I  M  C  Z  A  M  N
S  T  I  V  A  L  I  D  S  N  F  B  A  F
I  E  N  F  S  L  Z  K  G  I  T  A  P  A
X  T  C  E  C  I  Q  D  Y  I  C  Q  P  H
Y  J  I  P  O  T  K  L  U  T  Y  O  A  R
G  U  I  D  E  E  S  P  E  R  T  O  R  F
```

ATMOSFERA	FORZA
ESPERTO	STIVALI
FISICO	LESIONE
GUIDE	CURIOSITÀ
GROTTA	FORMAZIONE
GUANTI	STRETTO
CASCO	STABILITÀ
ALTITUDINE	TERRENO
MAPPA	SFIDE

21 - Restaurant #1

```
B U G C P R P C I O T O L A
Y M C A A C I C A F F È I A
P G E R N F C Y A P Q P K C
C O J N E E C Z L U M E N Ù
C I L E E M A N G I A R E F
G K B L A P N D E S S E R T
D O C O O I T F F J I P X O
C U C I N A E F C Y X I U S
S A L S A T C A S S I E R E
P R E N O T A Z I O N E Z F
R U U D I O A L L E R G I A
I N G R E D I E N T I L C K
B B Y O K G C O L T E L L O
W F Y H I C A M E R I E R A
```

ALLERGIA	MENÙ
PIATTO	COLTELLO
PANE	PICCANTE
MANGIARE	PRENOTAZIONE
INGREDIENTI	SALSA
CASSIERE	CAMERIERA
CUCINA	DESSERT
POLLO	CARNE
CAFFÈ	CIBO
CIOTOLA	

22 - Geologie

```
E R O S I O N E B Y U W U P
Z W H F C A V E R N A D Y I
W N C F V U L C A N O O Z E
S T R A T O Y T N J S S C T
Q E R K N U B Z O N A T O R
U C O R A L L O X P C A N A
A R G H G Q A J B G I L T J
R I F O S S I L E E D A I N
Z S K Q A Q A N M Y O T N O
O T N Y D C S F U S O T E O
C A L C I O X W D E N I N Y
Z L A V A D X S W R F T T C
O L T E R R E M O T O E E M
P I W W B N I Y S A L E J W
```

TERREMOTO	QUARZO
CALCIO	STRATO
CONTINENTE	LAVA
EROSIONE	ALTOPIANO
FOSSILE	STALATTITE
GEYSER	PIETRA
FUSO	VULCANO
CAVERNA	ZONA
CORALLO	SALE
CRISTALLI	ACIDO

23 - Specerijen

```
E  L  R  A  Z  C  C  P  Z  H  J  S  Y  F
Q  L  X  G  C  A  O  U  A  M  A  R  O  G
O  R  J  L  A  R  F  D  R  P  L  W  T  U
E  H  R  I  N  D  A  F  Z  R  R  Q  P  S
O  Z  M  O  N  A  N  T  E  I  Y  I  W  T
P  E  P  E  E  M  I  S  N  R  T  Z  K  O
F  Y  F  O  L  O  C  A  Z  S  A  U  B  A
H  E  G  W  L  M  E  L  E  D  Z  N  D  A
L  J  Z  H  A  O  A  E  R  X  O  C  O  H
C  I  P  O  L  L  A  I  O  N  E  E  L  P
N  X  C  O  R  I  A  N  D  O  L  O  C  U
W  N  O  C  E  M  O  S  C  A  T  A  E  R
F  I  E  N  O  G  R  E  C  O  R  D  L  S
V  A  N  I  G  L  I  A  C  U  M  I  N  O
```

ANICE	NOCE MOSCATA
AMARO	PAPRIKA
FIENO GRECO	PEPE
ZENZERO	ZAFFERANO
CANNELLA	GUSTO
CARDAMOMO	CIPOLLA
CURRY	VANIGLIA
AGLIO	DOLCE
CUMINO	SALE
CORIANDOLO	

24 - Groenten

```
P R E Z Z E M O L O O J B P
C M E L A N Z A N A T Z R I
F I W A Q C E T R I O L O S
X U P S B D I D F F I J C E
N Q N O D G K R A P A T C L
U C Z G L P O M O D O R O L
I F H A O L O O L I V A L O
Z N L R G P A Z U C C A O O
E A S P I N A C I E C Y U B
N G E A C A R C I O F O H R
Z L O T L R A V A N E L L O
E I Q D L A S C A L O G N O
R O W S M B T S E D A N O H
O Y A Z U R O A C A R O T A
```

CARCIOFO
MELANZANA
BROCCOLO
PISELLO
ZENZERO
AGLIO
CETRIOLO
OLIVA
FUNGO
PREZZEMOLO

ZUCCA
RAPA
RAVANELLO
INSALATA
SEDANO
SCALOGNO
SPINACI
POMODORO
CIPOLLA
CAROTA

25 - Dans

```
P A P E M O Z I O N E G M A R
R C O M P A G N O T X I E R
O C S A L T O F M U W O S T
V A T C U L T U R A G I P E
A D U C C C J P I G R O R M
K E R O D L U Y L A A S E U
R M A R H G A L F Q Z O S S
I I J P W F N S T E I H S I
T A J O L O C K S U A Y I C
M O V I M E N T O I R N V A
O V I S I V O M A W C A O Q
J I N S B Q U Z Z D U O L M
T R A D I Z I O N A L E W E
C O R E O G R A F I A S Z C
```

ACCADEMIA
MOVIMENTO
GIOIOSO
COREOGRAFIA
CULTURALE
CULTURA
EMOZIONE
ESPRESSIVO
GRAZIA
POSTURA

CLASSICO
ARTE
CORPO
MUSICA
COMPAGNO
PROVA
RITMO
SALTO
TRADIZIONALE
VISIVO

26 - Sport

```
H A N T S L I B V A O U G Y
G O L F C A M P I O N A T O
S I N U I D I N N U O E O P
T A N U F G I O C A T O R E
A O X N B L A R I T T P A B
D U R B A S K E T L E A L A
I U A B A S I Y O E N L L S
O G I O C O T Q R T N E E E
S Q U A D R A I E A I S N B
A R B I T R O H C M S T A A
B I C I C L E T T A W R T L
A E M O V I M E N T O A O L
P C N U O T A R E C W E R B
K P O J M T Q J H O C K E Y
```

ATLETA	ARBITRO
BASKET	GIOCO
MOVIMENTO	GIOCATORE
BICICLETTA	STADIO
GOLF	SQUADRA
PALESTRA	TENNIS
GINNASTICA	ALLENATORE
HOCKEY	VINCITORE
BASEBALL	NUOTARE
CAMPIONATO	

27 - Mythologie

```
Q  O  L  B  C  U  L  T  U  R  A  M  D  G
L  F  C  X  S  R  J  X  T  A  U  O  I  E
U  K  O  L  K  K  E  C  D  Q  F  R  S  L
B  I  M  A  W  Y  H  A  M  Q  N  T  A  O
Z  I  P  B  I  A  H  E  T  Z  T  A  S  S
E  R  O  I  N  A  H  R  E  U  Y  L  T  I
M  L  R  R  T  P  C  O  X  T  R  E  R  A
O  E  T  I  Q  U  A  E  D  G  C  A  O  O
S  G  A  N  Z  Q  O  R  G  A  Z  D  P  H
T  G  M  T  M  P  Z  N  A  F  O  R  Z  A
R  E  E  O  X  K  S  Y  O  D  M  P  F  Q
O  N  N  A  A  C  R  E  A  Z  I  O  N  E
M  D  T  F  U  L  M  I  N  E  F  S  P  D
P  A  O  G  U  E  R  R  I  E  R  O  O  R
```

FULMINE
CREAZIONE
CULTURA
TUONO
LABIRINTO
COMPORTAMENTO
EROE
EROINA
PARADISO

GELOSIA
FORZA
GUERRIERO
LEGGENDA
MOSTRO
DISASTRO
MORTALE
CREATURA

28 - Vakantie #1

```
N  H  Z  A  I  N  O  U  T  R  A  M  R  N
U  G  T  E  I  T  I  N  E  R  A  R  I  O
O  P  A  R  T  E  N  Z  A  J  P  V  L  F
T  B  L  E  T  U  R  I  S  M  O  A  A  A
A  L  P  O  R  O  I  U  F  N  I  L  S  C
R  H  W  K  F  G  G  L  G  O  S  I  S  X
E  X  B  J  S  M  J  T  P  Y  L  G  A  D
V  A  L  U  T  A  U  J  E  G  X  I  M  O
C  P  A  Y  L  O  C  S  M  G  T  A  E  G
I  A  G  B  I  G  L  I  E  T  T  O  N  A
J  H  O  M  B  R  E  L  L  O  Z  F  T  N
S  P  E  D  I  Z  I  O  N  E  N  B  O  A
L  N  Y  C  S  L  J  B  N  S  S  Z  U  N
O  U  W  H  T  N  A  Q  A  U  T  O  P  N
```

AUTO	ITINERARIO
DOGANA	ZAINO
SPEDIZIONE	TURISMO
BIGLIETTO	TRAM
VALIGIA	VALUTA
LAGO	PARTENZA
MUSEO	AEREO
RILASSAMENTO	NUOTARE
OMBRELLO	

29 - Eten #1

```
C Z O W I C M O T S S G I P
A I U X X U I W G U A N N N
R K P C A R O T A C L S S P
N I Z O C R S D T C E P A E
E H W R L H B R E O M I L R
B F W Z M L E A C A D N A A
X R E O K F A R G Q W A T L
C A N N E L L A O L L C A B
I G M I N E S T R A I I J I
R O B A S I L I C O M O C C
P L A T T E A G T T O N N O
F A A R A C H I D I N T K C
N Q B N T Z P S J A E T I C
Y Z Q W B S M A G D R Z X A
```

FRAGOLA
ALBICOCCA
BASILICO
LIMONE
ORZO
CANNELLA
AGLIO
LATTE
PERA
ARACHIDI

INSALATA
SUCCO
MINESTRA
SPINACI
ZUCCHERO
TONNO
CIPOLLA
CARNE
CAROTA
SALE

30 - Avontuur

```
P X W X U X C A S O B F B A
R P E R I C O L O S O S E M
E O A T U Y R U D I U K L I
P L E Q X U A P E L Y R L C
A H S E E X G T S F I D E I
R W C A T F G L T S F I Z G
A I U W F I I C I I W F Z I
Z L R S P F O C N C V F A O
I N S O L I T O A U I I Z I
O A I N B M Y B Z R A C T A
N T O O U R U Z I E G O W À
E U N U O V O G O Z G L P Z
Z R E B R A A X N Z I T L Y
W A J A O K X M E A H À P I
```

ATTIVITÀ
DESTINAZIONE
ESCURSIONE
PERICOLOSO
CASO
CORAGGIO
DIFFICOLTÀ
NATURA
NUOVO

INSOLITO
VIAGGI
BELLEZZA
SFIDE
SICUREZZA
PREPARAZIONE
GIOIA
AMICI

31 - Circus

```
A A T T I G R E A D O M O E
G N S C I M M I A U D U O L
X I B I G L I E T T O S C E
S M O A R E Q N M A G I A F
P A C C L O W N T P W C R A
E L F O O K J Z E A N A A N
T I S E S L P C N R P C M T
T R G D F T I D D A D R E E
A D U U S C U E A T F O L E
T H B C K P K M R A O B L A
O Z B O C T P M E E W A A R
R P A L L O N C I N I T R M
E L E O N E M A G O Y A N K
I N T R A T T E N E R E F R
```

SCIMMIA   MAGIA
ACROBATA   MUSICA
PALLONCINI   ELEFANTE
CLOWN   PARATA
ANIMALI   CARAMELLA
MAGO   TENDA
GIOCOLIERE   TIGRE
BIGLIETTO   SPETTATORE
COSTUME   TRUCCO
LEONE   INTRATTENERE

32 - Restaurant #2

```
P P E C N C W B U Z O K G B
T E S A L E E K B O U G H E
X V S E D I A N H U V O I V
A E P C G N C J A E A A A A
P R E U E S Q J B C R R C N
E D Z C Y A U B P A Q L C D
R U I C C L A T B M P M I A
I R E H M A D O J E W I O F
T E S I Z T D R P R A N Z O
I K E A Y A N T F I W E X Q
V J T I P R P A M E D S N A
O H K O B C X S F R U T T A
F O R C H E T T A E J R A N
C D E L I Z I O S O O A Y J
```

TORTA
CENA
BEVANDA
UOVA
FRUTTA
VERDURE
DELIZIOSO
GHIACCIO
CUCCHIAIO
PRANZO

CAMERIERE
INSALATA
MINESTRA
SPEZIE
SEDIA
PESCE
APERITIVO
FORCHETTA
ACQUA
SALE

33 - Bijen

```
O Y H D L A R A U U W Y O F
X P C I B O L L U U I K G U
N D R V P M E V K R H C X M
A L I E O I C Y E C E R A O
G B L R L E O A G A H H Y O
U C W S L L S F I O R I R E
E A I I I E I S A K A E H K
Y G J T N P S C R F I O R I
U F I À E I T I D S Z N N N
R E G I N A E A I Q O T E S
K P M B R N M M N P N L G E
E H D O W T A E O W X A E T
N L S K B E N E F I C O B T
F R U T T A H A B I T A T O
```

ALVEARE	PIANTE
FIORI	FUMO
FIORIRE	POLLINE
DIVERSITÀ	GIARDINO
ECOSISTEMA	ALI
FRUTTA	CIBO
HABITAT	BENEFICO
MIELE	CERA
INSETTO	SOLE
REGINA	SCIAME

34 - School #1

```
H G K D C X K D E S A M I M
M I N S E G N A N T E B G A
S A D S C R I V A N I A C T
E G R B I B L I O T E C A I
D G D C A R T E L L E A L T
I G Y Z A P N A G S H R F A
A Z N O F T I Y B D P T A H
F T R I S P O S T E S A B M
A K Z Z J Z J R Q X P R E I
R U D I V E R T I M E N T O
K A L H R J Q P R A N Z O O
B P A A A M I C I J N Z T N
Q U I Z L I B R I X E S A Q
U D L P E R I M P A R A R E
```

ALFABETO
RISPOSTE
BIBLIOTECA
LIBRI
SCRIVANIA
ESAMI
AULA
INSEGNANTE
PER IMPARARE
PRANZO

CARTELLE
MARCATORI
CARTA
PENNE
DIVERTIMENTO
MATITA
QUIZ
SEDIA
AMICI

35 - Wandelen

```
V P J S A N B S C Z Z M X P
E A X C N A J E A L R D C R
R R P O I T N L M G I O I E
T C E G M U J V P S B M J P
I H S L A R Z A E T A A A A
C I A I L A P G G I O P C R
E Z N E I T E G G V I P Q A
P J T R C P R I I A S A U Z
X U E A J Y I O O L C G A I
S T A N C O C E G I L A X O
S O O X Y M O N T A G N A N
I S L I B S L A S R K A O E
M F W E P J I R G Z E J E X
Z A N Z A R E J X E G A T H
```

MONTAGNA	NATURA
ANIMALI	PARCHI
PERICOLI	PIETRE
MAPPA	VERTICE
CAMPEGGIO	PREPARAZIONE
SCOGLIERA	ACQUA
CLIMA	SELVAGGIO
STIVALI	SOLE
STANCO	PESANTE
ZANZARE	

36 - Ecologie

```
S M H S O S T E N I B I L E
I O A C C P A L U D E W G S
C N V E G E T A Z I O N E S
C T A M L C O M U N I T À F
I A R N O I F J P X I Y U L
T G I A B E M A U I J C I O
À N E F A G L A U N A O B R
R E T C L I M A R N O N C A
K R À B E S X A T I A C T N
S O P R A V V I V E N Z A E
N A T U R A L E W P K O A E
P X P H A B I T A T W M A Y
H F P J N A T U R A X G S B
D I V E R S I T À K E Q P L
```

MONTAGNE
DIVERSITÀ
SICCITÀ
SOSTENIBILE
FAUNA
FLORA
COMUNITÀ
GLOBALE
HABITAT
CLIMA

MARINO
PALUDE
NATURA
NATURALE
SOPRAVVIVENZA
PIANTE
SPECIE
VARIETÀ
VEGETAZIONE

37 - Installaties

```
M  R  A  D  I  C  E  F  F  E  E  W  L  Q
N  U  M  A  L  D  D  O  V  O  D  E  L  W
L  O  S  Y  G  L  Z  G  E  O  G  E  W  K
G  W  J  C  E  M  T  L  G  G  C  L  R  O
E  R  B  A  H  R  I  I  E  D  E  C  I  A
O  T  R  G  P  I  L  A  T  F  S  F  B  A
F  A  G  I  O  L  O  M  A  I  P  Q  O  L
T  D  B  A  M  B  Ù  E  Z  O  U  F  T  B
F  I  O  R  I  R  E  C  I  R  G  L  A  E
R  D  W  D  X  P  P  A  O  E  L  O  N  R
Y  T  U  I  R  E  F  C  N  N  I  R  I  O
U  Z  E  N  M  A  W  T  E  C  O  A  C  P
M  C  Y  O  K  C  E  U  Z  T  W  J  A  N
F  O  R  E  S  T  A  S  B  A  C  C  A  Q
```

BAMBÙ	FOGLIAME
BACCA	ERBA
FOGLIA	EDERA
FIORE	MUSCHIO
FIORIRE	BOTANICA
ALBERO	CESPUGLIO
FAGIOLO	GIARDINO
FORESTA	VEGETAZIONE
CACTUS	RADICE
FLORA	

38 - School #2

```
S C A L E N D A R I O P I L
A C C A D E M I C O M E N I
J B I B L I O T E C A N S B
K G G E A N P K S W T N E R
B B E A N F M M G G I E G I
K F E A Z C B D Z T C N S
O M A T E M A T I C A S A L
Z A I N O F R O P G M T N H
P A J P P O T N N U O I T Y
L E T T E R A T U R A M E Q
T A U T O B U S M E J S M Y
A L F E S I S C A R P E L A
Y I E E R C C O M P U T E R
E R T K J I D Q E H H S X H
```

ACCADEMICO   CARTA
BIBLIOTECA   PENNE
LIBRI   MATITA
AUTOBUS   ZAINO
COMPUTER   FORBICI
GOMMA   SCARPE
CALENDARIO   SCIENZA
INSEGNANTE   MATEMATICA
LETTERATURA

39 - Oceaan

```
C O R A L L O U S F E B L A
M H K M K M H O C F S A N N
D O N K N F R A O P N R F G
T E M P E S T A G E Q C D U
O S L S C P T Q L S T A G I
N A P F C J C L I C A U A L
N Z G U I M S G E E R M M L
O S Z M G N M R R L T K B A
S B Q Y Q N O A A M A R E E
T A E U W S A N P E R Y R C
R L H R A L D C U D U T E U
I E W F A L G H E U G P T H
C N S A L E O I P S A I T N
A A P O L P O O W A U Q O D
```

ANGUILLA	POLPO
ALGHE	OSTRICA
BARCA	SCOGLIERA
DELFINO	TARTARUGA
GAMBERETTO	SPUGNA
MAREE	TEMPESTA
SQUALO	TONNO
CORALLO	PESCE
GRANCHIO	BALENA
MEDUSA	SALE

40 - Landen #2

```
J  F  S  B  K  A  X  F  B  S  N  Z  N  N
S  I  R  I  A  H  S  U  R  U  S  S  I  A
M  M  E  S  S  I  C  O  S  A  B  A  G  D
N  M  F  I  W  Q  R  H  M  N  N  Q  E  U
E  T  I  O  P  I  A  M  D  A  I  C  R  U
P  L  I  B  E  R  I  A  A  I  L  G  I  G
A  I  Y  P  C  Q  G  L  N  R  A  I  A  A
L  B  X  I  I  U  K  A  I  L  W  A  A  N
G  A  J  J  P  R  E  Y  M  A  D  P  P  D
T  N  L  Q  D  B  N  S  A  N  Y  P  K  A
S  O  F  U  R  L  Y  I  R  D  M  O  H  Q
T  G  R  E  C  I  A  A  C  A  L  N  Z  G
U  C  R  A  I  N  A  O  A  E  J  E  O  C
J  U  I  N  D  O  N  E  S  I  A  Y  Y  P
```

DANIMARCA	LIBERIA
ETIOPIA	MALAYSIA
FRANCIA	MESSICO
GRECIA	NEPAL
IRLANDA	NIGERIA
INDONESIA	UGANDA
GIAPPONE	UCRAINA
KENYA	RUSSIA
LAOS	SOMALIA
LIBANO	SIRIA

41 - Bloemen

```
T N N G I M P M B R W C P T
U X A I B A A E O J E Y E R
L R R R I Z S G T P R T O I
I O C A S Z S A N A X H N F
P A I S C O I R Y O L O I O
A M S O O I F D X Z L O A G
N H O L R G L E U D S I B L
O L J E C X O N S M I I A I
M A R G H E R I T A G F N O
O V W P I H A A L I L L A E
Q A B R D G E L S O M I N O
W N K Y E P L U M E R I A K
O D E Q A P T I R O S A Y Y
P A P A V E R O O O K P F I
```

PETALO
MAZZO
GARDENIA
IBISCO
GELSOMINO
TRIFOGLIO
LAVANDA
GIGLIO
LILLA
MARGHERITA

MAGNOLIA
NARCISO
ORCHIDEA
PAPAVERO
PASSIFLORA
PEONIA
PLUMERIA
ROSA
TULIPANO
GIRASOLE

42 - Huisdieren

```
G  T  S  C  R  I  C  E  T  O  X  G  P  V
A  N  C  O  L  L  A  R  E  O  G  O  G  E
T  T  A  N  J  N  N  E  L  B  P  Z  C  T
T  A  P  I  R  B  E  S  M  Z  A  O  W  E
I  C  R  G  G  L  H  L  E  B  M  F  C  R
N  Q  A  L  A  H  U  I  A  K  F  I  Z  I
O  U  S  I  F  O  D  C  P  E  S  C  E  N
U  A  L  O  D  L  H  Z  E  A  X  W  C  A
C  U  C  C  I  O  L  O  I  R  D  D  X  R
W  S  Q  Z  A  M  P  E  T  S  T  I  G  I
T  A  R  T  A  R  U  G  A  S  C  O  N  O
A  R  T  I  G  L  I  C  I  B  O  U  L  O
G  A  T  T  O  J  U  R  C  E  D  P  A  A
R  C  Z  O  X  I  W  H  P  A  A  M  Y  M
```

VETERINARIO	COLLARE
CAPRA	TOPO
LUCERTOLA	ZAMPE
CRICETO	CUCCIOLO
CANE	TARTARUGA
GATTO	CODA
GATTINO	PESCE
ARTIGLI	CIBO
MUCCA	ACQUA
CONIGLIO	

43 - Landschappen

```
I  W  X  C  O  L  L  I  N  A  Y  V  D  G
C  I  G  A  U  I  G  N  I  Q  M  U  T  H
E  E  C  S  F  I  U  M  E  F  K  L  P  I
B  R  P  C  Y  S  F  K  O  L  W  C  A  A
E  A  F  A  M  O  N  T  A  G  N  A  L  C
R  C  U  T  Y  L  M  A  R  E  Z  N  U  C
G  L  W  A  B  A  G  B  I  I  F  O  D  I
D  E  S  E  R  T  O  C  E  A  N  O  E  A
V  L  M  G  P  E  N  I  S  O  L  A  I  I
Y  A  A  E  R  S  P  I  A  G  G  I  A  O
P  F  L  G  I  O  C  N  L  C  J  O  L  C
D  P  A  L  O  D  T  U  N  D  R  A  I  C
G  X  Q  H  E  Z  S  T  G  E  Y  S  E  R
L  P  O  Q  R  U  B  S  A  T  F  I  X  S
```

MONTAGNA	OCEANO
ISOLA	FIUME
GEYSER	PENISOLA
GHIACCIAIO	SPIAGGIA
GROTTA	TUNDRA
COLLINA	VALLE
ICEBERG	VULCANO
LAGO	CASCATA
PALUDE	DESERTO
OASI	MARE

44 - Tuin

```
G A T J T R A M P O L I N O
U I L J C E S P U G L I O M
T K A B M B R E C I N T O F
F I O R E Z S R R L O U K I
R M H I D R O B A N E B N T
G R K S Y I O A R Z P O E S
O O T G P A N C A T Z T R T
R A I R A W G O S Y I A B A
S M U F L J R N T T S Q A G
R A J E A N G C R R B N C N
O C P R A T O M E O X G C O
P A G A R A G E L C A R E T
B A W T E I A D L C V I T E
F R U T T E T O O E C X N D
```

PANCA
FIORE
ALBERO
FRUTTETO
GARAGE
PRATO
ERBA
AMACA
RASTRELLO
RECINTO

ERBACCE
ROCCE
PALA
TUBO
CESPUGLIO
TERRAZZA
TRAMPOLINO
GIARDINO
STAGNO
VITE

45 - Katten

```
T U G P X U Z A M P A W G N
F I L O O P E L L I C C I A
C L M Z J C O D A T Y R O Z
U G I I Z P O K U F Q E C F
R X R X D J B B H C H P O C
I V E Y C O Q M Q G U J S C
O E C A C C I A T O R E O H
S L A R T I G L I O G I P W
O O D I V E R T E N T E N X
Z C I N D I P E N D E N T E
P E R S O N A L I T À S O K
I R D A E I Z B B F I Y P G
M O T P R G Z H B L E D O H
P I F L B G O D O R M I R E
```

PELLICCIA   INDIPENDENTE
FILO   PERSONALITÀ
PAZZO   ZAMPA
DIVERTENTE   DORMIRE
CACCIATORE   VELOCE
ARTIGLIO   GIOCOSO
POCO   CODA
TOPO   TIMIDO
CURIOSO

46 - Beroepen #2

```
A L C I N G E G N E R E P B
G D I H N M E D I C O J I I
R E I N I S K N K F U D T O
I N L K G R E O A A A U T L
C T L H W U U G H I B P O O
O I U M M E I R N R J I R G
L S S T D B W S G A J L E O
T T T Y A P Q J T O N O Y I
O A R A S T R O N A U T A P
R O A F I L O S O F O A E X
E B T G I O R N A L I S T A
Z F O T O G R A F O T R I A
W K R I C E R C A T O R E Y
K R E G I A R D I N I E R E
```

MEDICO
ASTRONAUTA
BIOLOGO
AGRICOLTORE
CHIRURGO
FILOSOFO
FOTOGRAFO
ILLUSTRATORE
INGEGNERE

GIORNALISTA
INSEGNANTE
LINGUISTA
RICERCATORE
PILOTA
PITTORE
DENTISTA
GIARDINIERE

47 - Dagen en Maanden

```
O  S  T  G  C  G  I  O  V  E  D  Ì  F  S
T  K  S  E  S  A  N  O  V  E  M  B  R  E
T  R  M  N  G  N  L  S  A  I  A  H  Q  T
O  S  E  N  S  Q  V  E  N  E  R  D  Ì  T
B  U  Ì  A  A  G  Y  T  N  O  O  W  Q  I
R  G  C  I  B  I  J  T  O  D  N  B  J  M
E  B  O  O  A  U  W  E  Q  D  A  G  B  A
M  M  L  W  T  G  W  M  K  U  D  R  Y  N
A  A  E  U  O  N  C  B  J  Y  I  S  I  A
R  R  D  F  G  O  J  R  G  K  J  X  S  O
T  Z  Ì  E  P  L  M  E  L  U  N  E  D  Ì
E  O  C  R  F  G  I  E  O  R  T  X  X  R
D  O  X  F  G  A  G  O  S  T  O  U  W  B
Ì  F  E  B  B  R  A  I  O  E  E  C  A  M
```

AGOSTO	LUNEDÌ
MARTEDÌ	MARZO
GIOVEDÌ	NOVEMBRE
FEBBRAIO	OTTOBRE
ANNO	SETTEMBRE
GENNAIO	VENERDÌ
LUGLIO	SETTIMANA
GIUGNO	MERCOLEDÌ
CALENDARIO	SABATO
MESE	

48 - Beeldende Kunsten

```
C C B X C A P O L A V O R O O
O R E B M R O P N D M K I P
M O J R A J E F T W D P T I
P C M M A G R A I N G E R T
O A Y C D Z D T T L E N A T
S R V E R N I C E I M N T U
I B M R G E S S O C V A T R
Z O A A R T I S T A R I O A
I N T M S T A M P I N O T F
O E I I S C U L T U R A Y À
N X T C C A V A L L E T T O
E C A A Z Q P A R G I L L A
P R O S P E T T I V A Y A P
A R C H I T E T T U R A K C
```

ARCHITETTURA
ARTISTA
SCULTURA
CREATIVITÀ
CAVALLETTO
FILM
CARBONE
CERAMICA
ARGILLA
GESSO

CAPOLAVORO
PENNA
PROSPETTIVA
RITRATTO
MATITA
COMPOSIZIONE
PITTURA
STAMPINO
VERNICE
CERA

49 - Menselijk Lichaam

```
I  G  J  N  N  G  A  M  B  A  T  M  C  N
C  U  O  R  E  G  U  K  D  E  Z  S  O  G
G  P  C  T  W  P  B  N  F  S  R  S  L  O
X  T  P  U  D  T  Q  O  Q  X  Z  P  L  M
O  R  E  C  C  H  I  O  C  I  M  A  O  I
N  N  L  S  O  N  S  Z  A  C  M  L  U  T
P  T  L  D  T  S  U  Y  V  E  A  L  K  O
P  O  E  I  I  A  G  X  I  R  S  A  L  J
M  E  N  T  O  N  W  J  G  V  C  J  I  Z
M  A  N  O  C  G  T  S  L  E  E  R  N  U
O  R  B  A  Q  U  A  M  I  L  L  O  G  C
Y  X  B  L  S  E  L  D  A  L  L  M  U  B
Y  Z  T  S  T  O  M  A  C  O  A  N  A  M
W  H  I  M  G  I  N  O  C  C  H  I  O  D
```

GAMBA	MENTO
SANGUE	GINOCCHIO
GOMITO	STOMACO
CAVIGLIA	BOCCA
MANO	COLLO
CUORE	NASO
CERVELLO	ORECCHIO
TESTA	SPALLA
PELLE	LINGUA
MASCELLA	DITO

50 - Familie

```
F O R R N Y Z Y B M A D R E
K R M L X O W G N O N N O S
B B A M B I N O N G T J K O
G S R T N Z S X Q L E Q H R
P D I G E M E L L I N I H E
N Z T R X L B F B E A P T L
O I O E Q M L N A I T A X L
N A P D D T N O M S O D F A
N K A O T C R Z B U M R I E
A Z T K T F D L I Q X E G U
M B E X L E Z E N O D J L M
B U R Y L D W A I F Z R I F
M I N F A N Z I A N B W A M
S E O Q E B Z P D L J F J H
```

FRATELLO
FIGLIA
NONNA
INFANZIA
BAMBINO
BAMBINI
NIPOTE
MARITO
MADRE

ZIO
NONNO
ZIA
GEMELLI
PADRE
PATERNO
ANTENATO
MOGLIE
SORELLA

51 - Gebouwen

```
O  S  S  E  R  V  A  T  O  R  I  O  A  S
M  U  S  E  O  K  O  K  A  U  U  I  M  C
C  A  S  T  E  L  L  O  P  N  X  Y  B  U
E  P  L  H  T  E  N  D  A  I  L  E  A  O
E  F  A  T  T  O  R  I  A  V  K  H  S  L
F  A  B  B  R  I  C  A  O  E  J  N  C  A
G  M  O  U  T  N  B  T  O  R  R  E  I  T
A  U  R  I  L  A  J  E  Z  S  A  F  A  B
I  S  A  L  Y  O  C  A  B  I  N  A  T  K
H  O  T  E  L  J  X  T  X  T  O  B  A  E
W  N  O  A  U  Z  J  R  K  À  Z  H  J  B
S  Q  R  T  D  M  P  O  C  I  N  E  M  A
K  F  I  M  Q  I  Q  F  I  E  N  I  L  E
P  L  O  I  Z  X  O  K  I  Z  L  F  P  T
```

AMBASCIATA   OSSERVATORIO
CINEMA   SCUOLA
FATTORIA   FIENILE
CABINA   STADIO
FABBRICA   TENDA
HOTEL   TEATRO
CASTELLO   TORRE
LABORATORIO   UNIVERSITÀ
MUSEO

52 - Kunst

```
V I S I V O U U X W J O C G
X L H B B M M G E O C N K A
S I M B O L O Y N U J E N C
C S T S U R R E A L I S M O
C O O T G Y E U D S S T S M
E G M B H A A I I C P O E P
R G S P O O G U P U I I M O
A E I O L N W N I L R I P S
M T C E E E J E N T A R L I
I T P S H K S W T U T H I Z
C O W I L Q R S I R O I C I
A A Q A F Y C J O A C P E O
F I G U R A C R E A R E U N
R I T R A R R E W F Z R F E
```

SCULTURA
COMPLESSO
CREARE
SEMPLICE
ONESTO
FIGURA
ISPIRATO
UMORE
CERAMICA

SOGGETTO
POESIA
RITRARRE
COMPOSIZIONE
DIPINTI
SURREALISMO
SIMBOLO
VISIVO

53 - Beroepen #1

```
F  C  P  I  A  N  I  S  T  A  Q  R  I  B
A  A  E  M  U  S  I  C  I  S  T  A  D  A
R  R  A  L  A  Z  T  X  Q  N  S  Y  R  N
M  T  T  X  O  B  L  R  W  D  W  G  A  C
A  O  L  I  P  L  A  I  O  Q  B  D  U  H
C  G  E  H  F  M  B  L  B  N  D  W  L  I
I  R  T  M  Q  P  Y  C  L  G  O  O  I  E
S  A  A  E  D  I  T  O  R  E  L  M  C  R
T  F  S  D  C  A  Y  T  K  O  R  B  O  E
A  O  U  I  G  M  Y  N  Y  L  N  I  H  M
P  S  I  C  O  L  O  G  O  O  L  K  N  N
A  V  V  O  C  A  T  O  D  G  Q  R  J  O
U  P  C  A  C  C  I  A  T  O  R  E  U  T
Q  Q  I  I  N  F  E  R  M  I  E  R  A  S
```

AVVOCATO
FARMACISTA
ASTRONOMO
ATLETA
BANCHIERE
CARTOGRAFO
BALLERINO
MEDICO

EDITORE
GEOLOGO
CACCIATORE
IDRAULICO
MUSICISTA
PIANISTA
PSICOLOGO
INFERMIERA

54 - Kastelen

```
G P R I N C I P E W I P C R
P C Y P N T Y J S W D A O E
P R I N C I P E S S A L R G
Z Z Z G T A D R A G O A O N
Q K S Q B O V S G D X Z N O
K Q D S M C R A P R H Z A P
F E U D A L E R L A W O L D
C N N W R A O L E L D Z K S
L O G I M P E R O N O A B C
C B E U A U N I C O R N O U
F I O L T D I N A S T I A D
T L N R U P A R E T E H G O
R E P K R C A V A L I E R E
J E T C A T A P U L T A E K
```

DRAGO   PARETE
DINASTIA   CAVALLO
NOBILE   PALAZZO
UNICORNO   PRINCIPE
FEUDALE   PRINCIPESSA
ARMATURA   CAVALIERE
CATAPULTA   IMPERO
DUNGEON   SCUDO
REGNO   TORRE
CORONA   SPADA

55 - Insecten

```
C Z Q E Y K Y J F B C S R Z
B A R M L I J I A O K O F A
O F V C H M F O R M I C A N
C I C A L A Z M F A T C K Z
Q D B L L A R V A N E O F A
J E E A F L V L L T R L O R
U O F B P Q E P L I M E S A
X L O R U E S T A D I O Z J
P N F O L Y P J T E T T Q B
G B S N C U A B O A E T B X
K R F E E F A L E N A E U Z
S C A R A F A G G I O R H J
L I B E L L U L A I L O O G
R S B V E R M E Y X E J K Q
```

MANTIDE   FORMICA
APE   FALENA
AFIDE   ZANZARA
CICALA   CAVALLETTA
CALABRONE   TERMITE
SCARAFAGGIO   FARFALLA
COLEOTTERO   PULCE
LARVA   VESPA
LIBELLULA   VERME

56 - Antarctica

```
M R K G M P I N G U I N I G
I O S Y E I N U V O L E X H
N C T O P O G R A F I A G I
E C R X F R G R I P F Z A A
R I T E M P E R A T U R A C
A O I F O A A U A Z D R Q C
L S S C I E N T I F I C O I
I O P E N I S O L A I O M A
H S P E D I Z I O N E A N I
I U O G H I A C C I O I O E
T Y C L Y Z B A I A F T J S
C O N S E R V A Z I O N E I
A M B I E N T E A C Q U A A
R I C E R C A T O R E R M X
```

BAIA
CONSERVAZIONE
ISOLE
SPEDIZIONE
GEOGRAFIA
GHIACCIAI
GHIACCIO
MIGRAZIONE
MINERALI
AMBIENTE

RICERCATORE
PINGUINI
ROCCIOSO
PENISOLA
TEMPERATURA
TOPOGRAFIA
ACQUA
SCIENTIFICO
NUVOLE

57 - Ballet

```
I  I  T  C  G  R  A  Z  I  O  S  O  P  M
X  B  Y  X  O  B  G  G  E  S  T  O  U  U
S  K  N  J  P  R  A  T  I  C  A  A  B  S
A  K  S  T  I  L  E  L  Y  W  H  O  B  C
T  E  C  N  I  C  A  O  L  Y  X  G  L  O
B  M  Z  T  B  P  L  Z  G  E  Q  A  I  L
B  A  L  L  E  R  I  N  A  R  R  C  C  I
R  I  T  M  O  O  A  R  Q  Z  A  I  O  M
J  G  S  C  P  V  G  B  G  Q  H  F  N  M
N  D  K  P  H  A  L  N  I  Y  B  F  I  I
M  U  S  I  C  A  R  X  R  L  J  M  N  A
E  S  P  R  E  S  S  I  V  O  I  K  U  F
A  P  P  L  A  U  S  O  E  O  T  T  Z  U
C  O  M  P  O  S  I  T  O  R  E  P  À  U
```

APPLAUSO
BALLERINA
COREOGRAFIA
COMPOSITORE
BALLERINI
ESPRESSIVO
GESTO
MUSICA
PRATICA

PUBBLICO
PROVA
RITMO
GRAZIOSO
MUSCOLI
STILE
TECNICA
ABILITÀ

58 - Vissen

```
K W R K P I C U J B O H M K
P I A S I A D P N H A R A S
L Z T M N L B E A O F R S P
O Q T W N F I U M E S S C I
P C R B E A B G L B C T E A
A A E R B M T F F G D A L G
Z C Z A G A N C I O A G L G
I Q Z N N I D E M L J I A I
E U A C E O E S C A O O J A
N A T H J N Q T B G G N K Y
Z T U I X I G O P O Y E N U
A P R E M R E S E F T J N G
U P A H L U B K S H D P E M
C U C I N A R E O T W A U X
```

ESCA   CUCINARE
ATTREZZATURA   CESTO
BARCA   LAGO
FILO   OCEANO
PAZIENZA   FIUME
PESO   STAGIONE
GANCIO   SPIAGGIA
MASCELLA   PINNE
BRANCHIE   ACQUA

59 - Fruit

```
L A N N E T T A R I N A B O
U V A O P L P O U Q M K A K
E O R F C R H K D P H E R O
I C O O D E U K J P Z M A S
A A J B Y S D G K F A E N L
N D M X L P D I N C L L C M
A O E P I E A I C A B O I A
N K L A M P O N E O I N A N
A I A P O E O P P E C E C G
S W T A N R A E I E O C R O
E I Z I E A R S R A C Q O R
B A N A N A H C N L C S C T
O K W X O U B A C C A A I C
C I L I E G I A I T E W G S
```

ALBICOCCA	KIWI
ANANAS	NOCE DI COCCO
MELA	MANGO
AVOCADO	MELONE
BANANA	NETTARINA
BACCA	ARANCIA
LIMONE	PAPAIA
UVA	PERA
LAMPONE	PESCA
CILIEGIA	PRUGNA

60 - Literatuur

```
K F G U Z Y L A N A L I S I
A I Y E A C O N F R O N T O
Q N E A Z T R A G E D I A D
Y Z E M D I A L O G O M E K
P I Y D I R P O E S I A Z A
S O A Q D E P G F C H R Q T
E N E Y C O P I N I O N E E
W E T T X Q T A U T O R E M
G G X F I K P O R I T M O A
D E C O N C L U S I O N E Y
R O M A N Z O Q W E M A N K
H I Y X B I O G R A F I A Z
U A M P K U U S S T I L E G
M E T A F O R A A T M P Q W
```

ANALOGIA
ANALISI
ANEDDOTO
AUTORE
BIOGRAFIA
CONCLUSIONE
DIALOGO
FINZIONE
POESIA
OPINIONE

METAFORA
POETICO
RIMA
RITMO
ROMANZO
STILE
TEMA
TRAGEDIA
CONFRONTO

61 - Technologie

```
M  S  T  A  T  I  S  T  I  C  H  E  C  T
I  E  R  Z  F  H  L  H  M  K  M  W  U  E
B  B  S  C  H  E  R  M  O  F  K  S  R  L
Z  R  I  S  S  B  I  Z  F  I  L  E  S  E
Z  O  C  E  A  A  S  N  O  U  I  L  O  C
R  W  U  S  X  G  B  Y  T  E  Q  Z  R  A
I  S  R  N  O  M  G  W  K  E  F  S  E  M
C  E  E  G  H  F  D  I  V  I  R  U  S  E
E  R  Z  W  N  B  T  E  O  X  Z  N  Y  R
R  U  Z  D  A  T  I  W  F  O  N  T  E  A
C  N  A  D  I  G  I  T  A  L  E  B  K  T
A  V  I  R  T  U  A  L  E  R  Q  L  W  T
Z  T  A  T  K  C  I  Z  W  F  E  O  E  G
F  F  B  C  O  M  P  U  T  E  R  G  Q  T
```

MESSAGGIO	INTERNET
FILE	FONT
BLOG	RICERCA
BROWSER	SCHERMO
BYTE	SOFTWARE
TELECAMERA	STATISTICHE
COMPUTER	SICUREZZA
CURSORE	VIRTUALE
DIGITALE	VIRUS
DATI	

62 - Boeken

```
U N A R R A T O R E C D M S
M P W X N O F U Q X A U W T
O Q F C H Q L C R Y R A L O
R A U T O R E O J U A L E R
I P Q Y X N T L P S T I T I
S O U S R S T L O X T T T A
T R A G I C O E E D E À E Y
I O Z S L R R Z S E R X R A
C M P T E I E I I T E P A B
O A A O V T K O A Y O P R H
D N G R A T M N O T J A I K
K Z I I N O N E P I C O O C
Y O N C T A V V E N T U R A
R L A O E I N V E N T I V O
```

AUTORE
AVVENTURA
PAGINA
COLLEZIONE
CONTESTO
DUALITÀ
EPICO
SCRITTO
STORICO
UMORISTICO

INVENTIVO
CARATTERE
LETTORE
LETTERARIO
POESIA
RILEVANTE
ROMANZO
TRAGICO
STORIA
NARRATORE

63 - Meer Informatie

```
L  J  T  E  C  N  O  L  O  G  I  A  P  W
I  U  U  F  U  T  U  R  I  S  T  I  C  O
B  T  U  F  X  S  S  M  F  I  X  D  T  S
R  O  L  O  J  B  P  I  A  N  E  T  A  C
I  P  O  Q  Y  D  X  M  N  S  L  X  M  E
C  I  N  E  M  A  D  M  T  C  L  J  O  N
G  A  L  A  S  S  I  A  A  F  X  N  N  A
E  O  A  A  T  D  X  G  S  S  U  E  D  R
S  R  U  O  B  Y  P  I  T  L  L  O  O  I
T  A  Z  O  E  N  K  N  I  Z  N  Q  C  O
R  C  E  M  O  N  M  A  C  F  E  J  C  O
E  O  X  O  U  K  D  R  O  B  O  T  A  Q
M  L  I  L  L  U  S  I  O  N  E  L  C  L
O  O  J  D  I  S  T  O  P  I  A  H  C  H
```

CINEMA	ORACOLO
LIBRI	PIANETA
FUOCO	ROBOT
IMMAGINARIO	SCENARIO
DISTOPIA	GALASSIA
ESTREMO	TECNOLOGIA
FANTASTICO	UTOPIA
FUTURISTICO	MONDO
ILLUSIONE	

64 - Regenwoud

```
B U B L B Y C M B R E P J R
T P S B X L O P U E M K F P
G R P O T A M R D S Y C Y O
R I Y T R N U E I T C A X N
I S U A J M N S V A I H X U
F P C N Q R I E E U N B I V
U E C I G F T R R R D W N O
G T E C M L À V S O I B S L
I T L O R I A A I Q G P E E
O O L S O P N Z T I E Q T C
W N I Z U U F I À X N O T K
D K P R E Z I O S O O X I K
J C L I M A B N A T U R A D
O T B Q I L I E S P E C I E
```

ANFIBI
PRESERVAZIONE
BOTANICO
DIVERSITÀ
COMUNITÀ
INDIGENO
INSETTI
GIUNGLA
CLIMA

MUSCHIO
NATURA
RISPETTO
RESTAURO
SPECIE
RIFUGIO
UCCELLI
PREZIOSO
NUVOLE

65 - Haartypes

```
S  G  J  I  S  H  M  A  R  R  O  N  E  C
O  O  B  I  L  A  S  C  I  U  T  T  O  O
N  B  T  M  L  F  R  I  C  C  I  O  L  I
D  I  M  T  G  P  R  W  C  A  G  S  U  G
U  A  I  O  I  J  B  S  I  R  L  N  N  R
L  N  R  Y  R  L  Q  A  O  G  P  V  G  I
A  C  J  E  L  B  E  N  J  E  K  S  O  G
T  O  H  J  C  X  I  O  B  N  L  P  U  I
O  B  I  O  N  D  O  D  Q  T  N  E  R  O
C  O  L  O  R  A  T  O  O  O  R  S  Q  Q
I  N  T  R  E  C  C  I  A  T  O  S  R  K
G  P  U  H  O  L  U  C  I  D  O  O  F  C
N  P  F  D  E  J  U  J  Y  A  K  R  W  U
O  K  I  M  O  H  D  U  U  B  R  E  V  E
```

BIONDO	GRIGIO
MARRONE	CALVO
SPESSORE	BREVE
ASCIUTTO	RICCIOLI
SOTTILE	RICCIO
COLORATO	LUNGO
INTRECCIATO	BIANCO
SANO	MORBIDO
LUCIDO	ARGENTO
ONDULATO	NERO

66 - Gereedschap Voor het Kok

```
F O R C H E T T A S C G M C
K O A S W C S P A T O L A U
K A R F C R P J K U L C F C
N L O N W F R M I F I W I C
G N X S O Z E J H A N C L H
R T A A U F M Z Y I O O T I
A F B O L L I T O R E L R A
T O S T A P A N E L U T O I
T R G F R I G O R I F E R O
U B C O P E R C H I O L T X
G I K Y N M U Z D Z A L U D
I C X Z H M M M N M W O Z L
A I M Q F I I P O S A T E B
T E R M O M E T R O Y O P G
```

POSATE
TOSTAPANE
COPERCHIO
STUFA
BOLLITORE
FRIGORIFERO
CUCCHIAIO
COLTELLO
FORNO

GRATTUGIA
SPREMIAGRUMI
FORBICI
SPATOLA
TERMOMETRO
COLINO
FORCHETTA
FILTRO

67 - Stad

```
F M Y Q A D U Y D L N R M P
Q A U F W E W M Q K H Z E A
F S R S G B R B A N C A R N
T U G M E F H O T E L N C E
K P A L A O G J P G T N A T
X E L I C C E J S O Y B T T
C R L B I E I G C Z R S O E
L M E R N K D A U I A T W R
I E R E U D F O O H A O I
N R I R M Z O O L T Y D Y A
I C A I A Y J G A U A I N I
C A H A T E A T R O X O M C
A T K H B I B L I O T E C A
X O U N I V E R S I T À N A
```

FARMACIA
PANETTERIA
BANCA
BIBLIOTECA
CINEMA
LIBRERIA
ZOO
GALLERIA
HOTEL
CLINICA

AEROPORTO
MERCATO
MUSEO
SCUOLA
STADIO
SUPERMERCATO
TEATRO
UNIVERSITÀ
NEGOZIO

68 - Natuur

```
S E R E N O H Z D M I B R F
E A C A E R O S I O N E U I
L N N N K K D Z N T Q L G U
V I D T R V I T A L E L H M
A M E M U E N A M W F E I E
G A S S F A R T I C O Z A I
G L E M C O R S C Q R Z C C
I I R B W O G I O O E A C N
O C T Y Z Q G L O B S L I U
Z J O A C I E L I M T E A V
A E B P N E B B I A A B I O
K M R I F U G I O E M A O L
T R O P I C A L E N R E K E
L H Z M D O S C P R T E O G
```

ARTICO
API
FORESTA
ANIMALI
DINAMICO
EROSIONE
FOGLIAME
GHIACCIAIO
SANTUARIO
SCOGLIERE

NEBBIA
FIUME
BELLEZZA
RIFUGIO
SERENO
TROPICALE
VITALE
SELVAGGIO
DESERTO
NUVOLE

69 - Dinosaurussen

```
U  B  Q  Z  R  C  U  P  R  E  D  A  P  T
G  G  N  U  J  A  V  I  Z  I  O  S  O  E
J  D  U  M  P  X  P  F  R  P  N  S  T  R
T  M  H  G  K  C  W  A  D  I  N  P  E  R
E  R  B  I  V  O  R  O  C  L  I  R  N  A
F  O  S  S  I  L  I  F  U  E  V  E  T  A
J  A  C  A  R  N  I  V  O  R  O  I  E  Q
M  A  O  A  L  I  G  S  B  B  R  S  N  H
R  Q  M  A  M  M  U  T  P  O  O  T  O  I
J  K  P  Z  Z  W  M  A  F  E  B  O  R  H
D  G  A  M  G  Z  G  G  B  O  C  R  M  P
Y  T  R  E  T  T  I  L  E  D  O  I  E  Q
C  G  S  U  B  T  Z  I  X  N  D  C  E  K
G  R  A  N  D  E  J  A  W  J  A  O  L  C
```

TERRA	PREISTORICO
CARNIVORO	PREDA
ENORME	RETTILE
FOSSILI	RAPACE
GRANDE	SPECIE
TAGLIA	CODA
ERBIVORO	SCOMPARSA
POTENTE	VIZIOSO
MAMMUT	ALI
ONNIVORO	

70 - Zoogdieren

```
O  T  V  C  A  V  A  L  L  O  R  C  W  K
N  E  O  A  X  C  L  M  H  O  L  A  E  Z
L  F  L  R  B  G  C  A  P  R  A  N  Q  L
U  J  P  L  O  G  O  P  Y  U  G  G  S  E
P  S  E  H  G  Z  Y  R  M  W  U  U  G  O
O  I  B  K  U  K  O  Y  I  C  S  R  I  N
C  A  N  E  G  A  T  T  O  L  T  O  R  E
A  J  Y  S  J  K  E  M  Z  I  L  B  A  D
M  S  C  I  M  M  I  A  A  B  L  A  F  E
M  J  I  C  A  S  T  O  R  O  A  L  F  L
E  C  I  N  C  C  J  N  P  X  W  E  A  F
L  W  U  U  O  O  Z  J  I  Q  A  N  S  I
L  C  O  N  I  G  L  I  O  Y  P  A  D  N
O  E  L  E  F  A  N  T  E  A  I  S  F  O
```

SCIMMIA	CANGURO
CASTORO	GATTO
COYOTE	CONIGLIO
DELFINO	LEONE
ASINO	ELEFANTE
CAPRA	CAVALLO
GIRAFFA	TORO
GORILLA	VOLPE
CANE	BALENA
CAMMELLO	LUPO

71 - 1 Jaar Geleden

```
A P P A S S I O N A T O D I
S A G G I O I A W H A L E M
G D Q G E N E R O S O M C B
P Y D I V E R T E N T E I W
R A G R P U L I T O C H S T
A F Z E Z J Y S R D U K I A
T F S I O X J T B U R G V I
I I H U E U H I U H I H O C
C D G R L N M C O S O D A E
O A X C W E T O N X S U L U
P B B L F A X E O K O L K T
G I E F F I C I E N T E Y I
U L M O D E S T O G O U B L
A E A F F A S C I N A N T E
```

ARTISTICO	BUONO
UTILE	DIVERTENTE
MODESTO	GENEROSO
DECISIVO	CURIOSO
AFFIDABILE	PAZIENTE
AFFASCINANTE	PRATICO
EFFICIENTE	PULITO
APPASSIONATO	SAGGIO

72 - Exploratie

```
P  E  R  I  M  P  A  R  A  R  E  A  D  E
E  E  S  C  O  N  O  S  C  I  U  T  O  S
R  C  R  J  J  U  P  M  F  K  H  T  S  A
I  C  L  I  N  G  U  A  W  R  K  I  B  U
C  I  J  S  C  O  P  E  R  T  A  V  T  R
O  T  U  L  Q  O  J  M  C  H  J  I  M  I
L  A  N  I  M  A  L  I  Y  S  O  T  C  M
O  Z  M  M  X  H  O  I  Y  H  R  À  U  E
S  I  C  O  R  A  G  G  I  O  S  S  L  N
O  O  V  I  A  G  G  I  O  Y  P  I  T  T
D  N  U  O  V  O  M  E  X  Q  A  O  U  O
T  E  R  R  E  N  O  C  A  X  Z  D  R  Y
S  E  L  V  A  G  G  I  O  L  I  L  E  L
L  Q  N  I  W  L  G  S  L  U  O  L  B  R
```

ATTIVITÀ   SCOPERTA
CULTURE   ECCITAZIONE
ANIMALI   VIAGGIO
PERICOLOSO   SPAZIO
PERICOLI   LINGUA
PER IMPARARE   TERRENO
CORAGGIO   ESAURIMENTO
NUOVO   SELVAGGIO
SCONOSCIUTO

73 - Voertuigen

```
B D W Q O K M O T O R E R S
A U T O O X N Y R D Z Y A C
R B D R B D E T A M O U Z O
C Z I N B U G R G P K M Z O
A A B C U B B X H G D O O T
H T E B I O T B E P Y F S E
L T Y R T C A U T O B U S R
E E F Q E E L F T R I E G C
T R A T T O R E O A N I A A
T A P M X B C U T R E N O M
C A R A V A N T M T P U G I
K E X Q M K X J Q G A F Q O
Q J L I A M B U L A N Z A N
W P N E U M A T I C I Z P G
```

AMBULANZA
AUTO
PNEUMATICI
BARCA
AUTOBUS
CARAVAN
BICICLETTA
MOTORE
RAZZO

SCOOTER
TAXI
TRATTORE
TRENO
TRAGHETTO
AEREO
ZATTERA
CAMION

74 - Geografie

```
P H F I U M E P H M F K J E
M L D N B E N D Q O A U G M
O I B A K R N N K N D R W I
N C X D C I T T À D A Z E S
T O D D Q D A I S O L A Q F
A C R E G I O N E B T A U E
G E W D M A P P A M I T A R
N A S U D N O Y X K T L T O
A N C K A O M O A O U A O G
I O O V E S T B D U D N R B
C O N T I N E N T E I T E J
L A T I T U D I N E N E M K
K U U U W C Q W X F E N F Q
P A E S E Z Q M Y P J S R U
```

ATLANTE
MONTAGNA
LATITUDINE
CONTINENTE
ISOLA
EQUATORE
EMISFERO
ALTITUDINE
MAPPA
PAESE

MERIDIANO
NORD
OCEANO
REGIONE
FIUME
CITTÀ
MONDO
OVEST
MARE
SUD

75 - Kunstbenodigdheden

```
T  X  F  M  C  O  L  L  A  M  P  U  S  J
E  G  T  A  A  A  C  Q  U  A  O  P  P  X
L  N  C  C  C  T  R  T  I  C  M  G  A  D
E  V  A  Q  R  A  I  B  W  X  P  P  Z  C
C  E  V  U  I  V  N  T  O  C  W  A  Z  K
A  R  A  E  L  O  C  C  E  N  A  S  O  O
M  N  L  R  I  L  H  Y  B  P  E  T  L  S
E  I  L  E  C  O  I  G  D  N  O  E  E  E
R  C  E  L  O  C  O  L  O  R  I  L  Z  D
A  I  T  L  L  A  S  I  J  M  F  L  Q  I
E  Y  T  I  I  R  T  J  T  Z  M  I  G  A
U  M  O  X  O  T  R  R  B  P  E  A  B  B
M  J  U  M  N  A  O  A  R  G  I  L  L  A
C  R  E  A  T  I  V  I  T  À  Z  U  Q  C
```

ACRILICO	COLORI
ACQUERELLI	COLLA
SPAZZOLE	OLIO
TELECAMERA	CARTA
CREATIVITÀ	PASTELLI
CAVALLETTO	MATITE
GOMMA	SEDIA
CARBONE	TAVOLO
INCHIOSTRO	VERNICI
ARGILLA	ACQUA

76 - Barbecues

```
R S M A S H P O M O D O R I
F A U S H D E S A L E D S S
A L S F T B P P O L L O O H
M S I F T M E V E R D U R E
I A C E N A K H Z I L C G B
G O A W I R P R A N Z O C Z
L S X R K N K M Q S Q L Z J
I M I X F R U T T A J T L T
A X N F C A L D O L O E R J
S A V N T Y M B X A E L S D
G R I G L I A E M T R L I A
Q U T E S T A T E E Y I Y F
S C O E G Q C I P O L L E O
F O R C H E T T E H S E E I
```

CENA	MUSICA
FAMIGLIA	PEPE
FRUTTA	INSALATE
GRIGLIA	SALSA
VERDURE	POMODORI
CALDO	CIPOLLE
FAME	INVITO
POLLO	FORCHETTE
PRANZO	ESTATE
COLTELLI	SALE

77 - Wetenschappelijke Discip

```
O  B  R  A  N  A  T  O  M  I  A  I  P  S
R  I  O  R  L  I  G  Q  T  E  T  M  S  O
X  O  B  C  H  I  M  I  C  A  N  M  I  C
M  L  O  H  U  S  E  Y  P  I  E  U  C  I
I  O  T  E  Y  B  C  S  I  I  U  N  O  O
N  G  I  O  K  X  C  R  D  G  R  O  L  L
E  I  C  L  R  S  A  J  W  E  O  L  O  O
R  A  A  O  F  F  N  D  I  O  L  O  G  G
A  D  N  G  E  B  I  K  J  L  O  G  I  I
L  Z  D  I  U  E  C  O  L  O  G  I  A  A
O  R  L  A  Y  W  A  W  L  G  I  A  B  C
G  A  S  T  R  O  N  O  M  I  A  F  Z  Q
I  B  O  T  A  N  I  C  A  A  B  Y  D  L
A  F  I  S  I  O  L  O  G  I  A  W  Q  B
```

ANATOMIA	IMMUNOLOGIA
ARCHEOLOGIA	MECCANICA
ASTRONOMIA	MINERALOGIA
BIOLOGIA	NEUROLOGIA
CHIMICA	BOTANICA
ECOLOGIA	PSICOLOGIA
FISIOLOGIA	ROBOTICA
GEOLOGIA	SOCIOLOGIA

78 - Bijvoeglijke Naamwoorden

```
C R E A T I V O K N U O V O
N D R A M M A T I C O O P R
I A A U T E N T I C O R U G
D N T U P K P F O R T E R O
N E T U R I K E S S O S O G
O C S E R B J O A D Z P A L
R E O C R A T N L O Q O S I
M U I W R E L Q A T W N S O
A E C N C I S E T A X S O S
L D D T U A T S O T S A N O
E S T A N C O T A O Y B N U
A F F A M A T O I N C I A T
S E L V A G G I O V T L T Q
P R O D U T T I V O O E O L
```

AUTENTICO NUOVO
DOTATO NORMALE
DESCRITTIVO PRODUTTIVO
CREATIVO ASSONNATO
DRAMMATICO FORTE
SANO ORGOGLIOSO
AFFAMATO RESPONSABILE
INTERESSANTE SELVAGGIO
STANCO SALATO
NATURALE PURO

79 - Kleding

```
T H P J X X C S G L M E U G
K W A R P M S C A M I C I A
G R E M B I U L E N R B X Z
G I A C C A W X Q S D R X B
C K X S S C I A R P A A A U
C A P P E L L O H C P C L Y
G U A N T I D G C A A C Y I
C A P P O T T O I M N I S P
C O L L A N A N N I T A C I
C A L Z I N I N T C A L A G
A B I T O O B A U E L E R I
M A G L I O N E R T O T P A
O R Y U M F M G A T N T A M
X N T M O D A G T A I O H A
```

BRACCIALETTO
CAMICETTA
PANTALONI
GUANTI
CAPPELLO
CAPPOTTO
GIACCA
ABITO
COLLANA
MODA

PIGIAMA
CINTURA
GONNA
SANDALI
SCARPA
GREMBIULE
CAMICIA
SCIARPA
CALZINI
MAGLIONE

80 - Vliegtuigen

```
A  S  H  I  P  M  D  I  T  A  M  T  C  E
L  T  Z  L  P  O  E  P  P  T  O  U  A  Q
T  O  T  G  L  P  S  L  I  M  T  R  R  U
E  R  D  E  K  C  I  E  L  O  O  B  B  I
Z  I  P  I  R  P  G  C  O  S  R  O  U  P
Z  A  A  A  S  R  N  J  T  F  E  L  R  A
A  R  L  O  S  C  A  A  A  E  L  E  A  G
Q  I  L  C  Y  S  E  G  B  R  Z  N  N  G
E  A  O  Y  R  C  E  S  G  A  Z  Z  T  I
H  H  N  J  E  H  L  G  A  I  F  A  E  O
N  O  C  N  R  I  N  F  G  E  O  A  R  Q
G  D  I  R  E  Z  I  O  N  E  R  G  B  S
C  M  N  A  V  I  G  A  R  E  R  I  G  O
S  P  O  C  O  S  T  R  U  Z  I  O  N  E
```

DISCESA   ATTERRAGGIO
ATMOSFERA   ARIA
PALLONCINO   MOTORE
EQUIPAGGIO   NAVIGARE
COSTRUZIONE   DESIGN
CARBURANTE   PASSEGGERO
STORIA   PILOTA
CIELO   DIREZIONE
ALTEZZA   TURBOLENZA

81 - Herbalisme

```
F  I  N  O  C  C  H  I  O  D  C  D  F  P
G  W  B  O  O  H  G  M  Q  K  U  R  I  R
G  I  A  R  D  I  N  O  U  V  L  O  O  E
G  B  N  I  D  C  N  K  A  E  I  S  R  Z
U  D  E  G  B  B  H  Q  L  R  N  M  E  Z
S  L  T  A  T  D  X  P  I  D  A  A  B  E
T  C  O  N  Y  P  N  Z  T  E  R  R  A  M
O  N  C  O  A  F  Q  R  À  T  I  I  S  O
A  R  O  M  A  T  I  C  O  I  O  N  I  L
Z  A  F  F  E  R  A  N  O  M  P  O  L  O
L  A  V  A  N  D  A  X  M  O  K  L  I  I
I  N  G  R  E  D  I  E  N  T  E  E  C  O
M  A  G  G  I  O  R  A  N  A  M  I  O  A
S  N  Q  I  Z  A  D  L  A  G  L  I  O  L
```

AROMATICO	MAGGIORANA
BASILICO	ORIGANO
FIORE	PREZZEMOLO
CULINARIO	ROSMARINO
ANETO	ZAFFERANO
VERDE	GUSTO
INGREDIENTE	TIMO
AGLIO	GIARDINO
QUALITÀ	FINOCCHIO
LAVANDA	

82 - Piraten

```
E  Q  U  I  P  A  G  G  I  O  A  E  D  C
D  Y  J  O  U  B  L  D  D  C  J  R  Z  A
C  Z  S  F  G  L  E  G  G  E  N  D  A  T
B  A  N  D  I  E  R  A  N  A  Z  M  V  T
U  S  P  I  A  G  G  I  A  N  Z  F  V  I
S  C  A  I  S  O  L  A  S  O  A  W  E  V
S  I  P  J  T  P  T  E  D  R  R  K  N  O
O  C  P  F  E  A  E  O  Y  Z  D  H  T  M
L  A  A  Q  S  N  N  R  U  M  P  T  U  B
A  T  G  W  O  Q  D  O  I  Z  B  I  R  X
B  R  A  I  R  Y  K  A  N  C  O  R  A  F
F  I  L  W  O  X  B  H  G  R  O  T  T  A
H  C  L  M  A  P  P  A  L  Y  C  L  M  Y
S  E  O  S  P  A  D  A  S  A  T  M  O  I
```

ANCORA	LEGGENDA
AVVENTURA	CICATRICE
EQUIPAGGIO	OCEANO
ISOLA	PAPPAGALLO
PERICOLO	RUM
ORO	TESORO
GROTTA	CATTIVO
MAPPA	SPIAGGIA
CAPITANO	BANDIERA
BUSSOLA	SPADA

83 - Om in te Vullen

```
L L H C U X S B U S T A C B
M Z I E A H J H S C L M C O
V A S S O I O B T A T V C R
C A R T E L L A X T E A A S
P E O O I A I R K O H S S A
G A S E C C H I O L B O S E
P V C W C A N L M A A C E L
E Z A C S I S E U P C Z T K
N J R L H B B S C M I H T A
X P T M I E G S A K N L O G
S P O K K G T U B O O H D M
R G N B X S I T Z B H T K E
S N E T X C T A O H W G P A
B O T T I G L I A X X L A E
```

BACINO	CASSA
TUBO	CASSETTO
VASSOIO	CESTO
SCATOLA	CARTELLA
SECCHIO	PACCHETTO
BUSTA	VASO
BOTTIGLIA	BARILE
CARTONE	BORSA
VALIGIA	

84 - Surfen

```
E  S  V  J  I  D  C  N  U  O  T  A  R  E
S  T  E  L  L  I  U  A  M  E  T  E  O  X
T  O  L  T  Q  V  G  M  M  S  T  I  L  E
R  M  O  N  I  E  F  D  J  P  X  F  X  U
E  A  C  H  Z  R  S  S  C  H  I  U  M  A
M  C  I  F  K  T  S  P  R  A  Y  O  U  B
O  O  T  S  P  I  A  G  G  I  A  P  N  W
A  C  À  C  M  M  R  B  S  Z  B  A  A  E
M  W  E  N  W  E  X  F  Q  F  E  G  T  O
J  Y  Q  A  B  N  S  F  O  R  Z  A  L  T
T  B  R  G  N  T  N  I  N  L  O  I  E  U
F  Y  X  A  F  O  I  F  D  U  L  A  T  Z
S  C  O  G  L  I  E  R  A  E  F  A  A  D
P  R  I  N  C  I  P  I  A  N  T  E  X  O
```

ATLETA	DIVERTIMENTO
PRINCIPIANTE	SCOGLIERA
ESTREMO	SCHIUMA
ONDA	VELOCITÀ
CAMPIONE	SPRAY
FORZA	STILE
STOMACO	SPIAGGIA
FOLLA	METEO
OCEANO	NUOTARE
PAGAIA	

85 - Rijden

```
I  Q  M  G  G  A  R  A  G  E  X  L  E  R
B  Y  S  A  I  N  C  I  D  E  N  T  E  P
B  S  Y  S  P  O  L  I  Z  I  A  Y  X  Q
O  U  W  O  E  P  R  P  F  F  C  C  P  L
D  W  G  S  D  N  A  F  R  O  P  J  Z  C
C  A  M  I  O  N  T  R  A  F  F  I  C  O
S  U  E  C  N  C  U  Y  G  K  Z  M  E  H
T  T  F  U  A  H  N  J  E  J  D  A  W  M
R  O  Y  R  L  M  N  I  G  I  C  G  O  O
A  S  Q  E  E  V  E  L  O  C  I  T  À  T
D  G  K  Z  D  N  L  I  C  E  N  Z  A  O
A  D  H  Z  E  K  I  D  B  P  L  Q  W  R
E  Q  C  A  R  B  U  R  A  N  T  E  Y  E
M  O  T  O  H  K  P  E  R  I  C  O  L  O
```

AUTO	POLIZIA
CARBURANTE	FRENI
GARAGE	VELOCITÀ
GAS	TUNNEL
PERICOLO	SICUREZZA
MAPPA	TRAFFICO
LICENZA	PEDONALE
MOTORE	CAMION
MOTO	STRADA
INCIDENTE	

86 - Wetenschap

```
S C I E N Z I A T O N F C M
F A T T O A K X S A T O L I
E S P E R I M E N T O S I N
V P L Y E D E N A M Z S M E
O I A O L A T W T C O I A R
L P B R G T O T U Q Y L U A
U O O G T I D T R Z S E L L
Z T R A Y I O Q A U H P Q I
I E A N H Y C H I M I C O N
O S T I A M X E F I S I C A
N I O S H T M O L E C O L E
E B R M M G O C G L I M I I
T Z I O M K J M D P E Z L O
Z P O R J T N E O T L D H T
```

ATOMO
CHIMICO
PARTICELLE
EVOLUZIONE
ESPERIMENTO
FATTO
FOSSILE
DATI
IPOTESI

CLIMA
LABORATORIO
METODO
MINERALI
MOLECOLE
NATURA
FISICA
ORGANISMO
SCIENZIATO

87 - Badkamer

```
Y E Q C S R F Z B P R R F Q
N S X P X P U X Y D C T O H
R H M F T Q E B U U H A R T
V A P O R E K C I K T P B P
R M W B W H N O C N K P I K
S P U G N A U M G H E E C K
P O H D O C C I A W I T I T
B O L L E Q I R B L F O T L
B B H B L U X M I C K C M O
A D D Y M A Z E N C X E I Z
G P R O F U M O E K K D D I
N H E B A J D Q T L R E L O
O S A P O N E B T P G C L N
E D U U I U Y T O I B Q P E
```

BAGNO   SPECCHIO
BOLLE   SPUGNA
DOCCIA   VAPORE
RUBINETTO   TAPPETO
LOZIONE   ACQUA
PROFUMO   GABINETTO
FORBICI   SAPONE
SHAMPOO

88 - Speelgoed

```
I  M  M  A  G  I  N  A  Z  I  O  N  E  K
A  R  T  I  G  I  A  N  A  T  O  G  N  L
C  V  W  Q  P  P  A  L  L  A  B  W  L  F
P  E  C  C  W  U  G  I  O  C  H  I  E  B
G  R  O  A  U  Z  D  P  F  H  S  U  J  A
A  N  S  M  T  Z  A  I  E  E  Q  T  T  T
B  I  C  I  C  L  E  T  T  A  A  E  O  T
A  C  A  O  O  E  A  Q  U  I  L  O  N  E
R  I  C  N  U  K  O  R  T  L  M  N  M  R
C  C  C  A  U  T  O  O  G  R  I  D  T  I
A  R  H  L  Z  F  N  B  R  I  E  B  G  A
A  U  I  K  K  N  Q  O  Y  P  L  N  R  U
P  R  E  F  E  R  I  T  O  J  M  L  O  I
B  A  M  B  O  L  A  A  E  R  E  O  A  K
```

ARTIGIANATO	BAMBOLA
AUTO	PUZZLE
PALLA	ROBOT
LIBRI	SCACCHI
BARCA	TRENO
BATTERIA	IMMAGINAZIONE
PREFERITO	VERNICI
BICICLETTA	AQUILONE
GIOCHI	AEREO
ARGILLA	CAMION

89 - Muziekinstrumenten

```
T T A M B U R E L L O T A Q
Q R E E X X J U A S B R R O
S Y O V I O L I N O O O M J
L H Y M A R I M B A E M O W
K P C E B A N J O A Y B N M
K B F Q W O Z T X R D A I A
C G K A T E N W R P X Y C N
F H R N G N L E S A T S A D
L X I V I O L O N C E L L O
A P Y T Z Y T G O N G G J L
U Y Y U A A N T Z Q X P H I
T M A A B R X N O Z E T T N
O L K C L A R I N E T T O O
T A M B U R O A J K O F M T
```

BANJO
VIOLONCELLO
FAGOTTO
FLAUTO
CHITARRA
GONG
ARPA
OBOE
CLARINETTO

MANDOLINO
MARIMBA
ARMONICA
TAMBURELLO
TROMBONE
TAMBURO
TROMBA
VIOLINO

90 - Activiteiten en Vrije Ti

```
B G T E G I O P E K D P H F
R A I Z S B O X E O H I I X
I R S A X C A L C I O T M C
L T T K R H U B P O B T N A
A E L W E D B R E J B U U M
S C Z E K T I Y S W Y R O P
S J F C J I C N C I C A T E
A Q S J P A L L A V O L O G
N V I A G G I O Q G E N G G
T E N N I S F N A O G F I I
E D U B A S E B A L L I H O
H E W C A I D R P F J W O W
H H T I M M E R S I O N E B
M N S U R F B B T C T A N P
```

BASKET
BOXE
IMMERSIONE
GOLF
PESCA
HOBBY
BASEBALL
CAMPEGGIO
ARTE
RILASSANTE

VIAGGIO
PITTURA
SURF
TENNIS
GIARDINAGGIO
CALCIO
PALLAVOLO
ESCURSIONI
NUOTO

91 - Water

```
Y C G U K A I U S O A P V I
F M H M M P J I H C L O A R
T O I I E I P P N E L T P R
I N A D X O D N E A U A O I
N S C I F G M O V N V B R G
W O C T E G J B E O I I E A
G N I À F I U M E R O L J Z
U E O S N A P X Z O N E L I
R O Y G T Y L A G O E O D O
A N G S O I K D O C C I A N
G D E M E E K N P D Y N N E
A E L Z G R Z C Y Y I G B W
N A O R Z C A N A L E P I B
O E V A P O R A Z I O N E K
```

DOCCIA	URAGANO
POTABILE	ALLUVIONE
GEYSER	PIOGGIA
ONDE	FIUME
GHIACCIO	NEVE
IRRIGAZIONE	VAPORE
CANALE	EVAPORAZIONE
LAGO	UMIDO
MONSONE	UMIDITÀ
OCEANO	GELO

92 - Schaken

```
B I A N C O T Y A P P P R W
G I O C O X W Q R U A P M K
T C A M P I O N E N S P K R
G E R W Z A U K G T S Y Z G
I T R U N E R O O I I W U F
O D I A G O N A L E V Q R Y
C O R Y X O L G E D O O E A
A T G T E X I H S A L D G Q
T Y E R S A C R I F I C I O
O O T M I J T Q Z G I Q N S
R R R X P C Y N Z R A D A D
E M Z N C O N C O R S O E G
K H N T E S T R A T E G I A
M E A W P O E W R E W W O F
```

DIAGONALE
CAMPIONE
RE
REGINA
SACRIFICIO
PASSIVO
PUNTI
REGOLE
GIOCO

GIOCATORE
STRATEGIA
TEMPO
TORNEO
SFIDE
CONCORSO
BIANCO
NERO

93 - Boerderij #1

```
O P P D L W R R N Y B R F F
G Y C W X J R E H C G I I E
P O L L O S E M I M G S E R
A G R I C O L T U R A O N T
C A V A L L O G P C X S O I
A A I C A P R A L D C E G L
N C T C U N J D H Q T A A I
E Q E A O G L C X J U Z T Z
O U L M M R E C I N T O T Z
A A L P I E V K O P U E O A
S P O O E G E O G G R M T N
I T E Q L G P P I K Q Y U T
N I X M E E S R Y U Y I F E
O L H U Q Z Y U Y M G W R A
```

APE
ASINO
CAPRA
RECINTO
CANE
MIELE
FIENO
VITELLO
GATTO
POLLO

MUCCA
CORVO
GREGGE
AGRICOLTURA
FERTILIZZANTE
CAVALLO
RISO
CAMPO
ACQUA
SEMI

94 - Huis

```
G  C  C  U  C  I  N  A  K  G  F  S  T  C
I  D  A  B  I  B  L  I  O  T  E  C  A  A
A  N  L  M  E  Z  K  S  R  E  T  A  P  M
R  M  S  X  I  K  E  P  E  T  E  L  P  E
D  D  O  C  C  N  X  E  C  T  Z  E  E  R
I  C  O  B  A  M  O  C  I  O  L  G  T  A
N  A  A  B  I  N  O  C  N  Q  F  C  O  S
O  T  S  Z  U  L  T  H  T  K  X  S  Y  O
S  T  B  Q  G  A  I  I  O  Y  R  C  U  F
X  I  K  M  A  M  G  O  N  G  P  O  L  F
E  C  Y  I  R  P  Q  H  F  A  P  P  O  I
P  O  R  T  A  A  A  B  F  I  T  A  Z  T
L  R  P  D  G  D  O  C  C  I  A  O  M  T
W  N  R  W  E  A  R  P  A  R  E  T  E  O
```

SCOPA	CUCINA
BIBLIOTECA	LAMPADA
TETTO	MOBILIO
PORTA	PARETE
DOCCIA	SOFFITTO
GARAGE	SPECCHIO
CAMINO	TAPPETO
RECINTO	SCALE
CAMERA	GIARDINO
SCANTINATO	ATTICO

95 - Kleuren

```
K  U  X  Y  R  B  X  S  E  P  P  I  A  R
F  J  S  Q  O  L  Y  D  I  I  K  A  Y  B
R  U  J  O  S  U  Y  G  Q  K  G  W  R  S
H  N  C  M  S  Y  T  L  O  N  E  R  O  U
N  X  A  S  O  P  L  O  G  D  I  K  K  Q
Y  Z  W  X  I  M  C  W  R  I  M  Q  H  D
J  A  S  X  B  A  A  C  I  N  A  W  Z  B
H  A  U  L  I  G  O  Z  G  D  R  L  X  R
V  Z  Y  S  A  E  B  X  I  A  R  R  L  A
E  I  Z  A  N  N  L  T  O  C  O  O  U  O
R  S  O  A  C  T  Y  C  X  O  N  S  K  Q
D  R  E  L  O  A  B  E  I  G  E  A  C  P
E  O  C  I  A  N  O  A  Z  Z  U  R  R  O
O  T  A  R  A  N  C  I  A  R  M  F  G  L
```

AZZURRO	INDACO
BEIGE	MAGENTA
BLU	ARANCIA
MARRONE	VIOLA
CIANO	ROSSO
FUCSIA	ROSA
GIALLO	SEPPIA
GRIGIO	BIANCO
VERDE	NERO

96 - Verjaardag

```
C E L E B R A Z I O N E N P
I A Q R C A M H U P C A A A
U R R X I Y I L K A A N T R
Q S N T E L C K L Q N N O T
L O J B E J I I L Y D O X I
P J T O R T A G G R E P C T
C A L E N D A R I O L W B O
I E J Q M G O C O O E Q R I
Q T R C M P B L V E R Z I N
L U J Q Y D O S A Q Q N C V
S P E C I A L E N P U B O I
L F F E L I C E E F H J R T
D I V E R T I M E N T O D I
R E G A L O M P C Z U C I M
```

TORTA	CARTE
GIORNO	CALENDARIO
NATO	PARTITO
FELICE	DIVERTIMENTO
REGALO	SPECIALE
RICORDI	TEMPO
ANNO	INVITI
GIOVANE	CELEBRAZIONE
CANDELE	AMICI

97 - Getallen

```
A E W T P S T U H W Q O D I
T U K F R G B J K A U T I D
C I N Q U E D S F H A T C C
H S O T X S D N G M T O I R
W Q V D U E X I I K T B A M
Z W E I I I B H C T O T S A
Q U L C B E D P Q I R R S S
U U U I L L C R I W D E E Z
I H V O B D K I X G I X T X
N Z E T S E D I C I C N T U
D E N T D O D I C I I X E I
I R T O X A S Q U A T T R O
C O I K D I C I A N N O V E
I S E T T E M D C Q O I G G
```

OTTO

DICIOTTO

TREDICI

TRE

UNO

NOVE

DICIANNOVE

ZERO

DIECI

DODICI

DUE

VENTI

QUATTORDICI

QUATTRO

CINQUE

QUINDICI

SEI

SEDICI

SETTE

DICIASSETTE

98 - Boerderij #2

```
T  F  E  Y  P  R  A  T  O  G  T  F  A  Y
Z  R  L  A  T  T  E  E  I  G  R  I  G  U
U  U  A  G  N  E  L  L  O  G  H  E  R  I
M  T  M  T  V  E  R  D  U  R  A  N  I  R
P  T  A  W  T  Y  D  B  T  A  J  I  C  R
E  E  U  N  O  O  R  K  A  N  N  L  O  I
C  T  P  Q  R  Q  R  D  S  O  S  E  L  G
O  O  A  P  Z  Q  T  E  F  R  U  T  T  A
R  S  S  L  O  L  M  K  Z  W  G  A  O  Z
A  X  T  H  V  O  P  A  W  P  J  N  R  I
L  K  O  F  U  E  T  C  I  B  O  A  E  O
E  J  R  W  X  D  A  L  A  S  L  T  S  N
G  D  E  J  F  L  J  R  S  H  D  R  T  E
A  N  I  M  A  L  I  T  E  F  F  A  X  T
```

ALVEARE	AGNELLO
AGRICOLTORE	LAMA
FRUTTETO	MAIS
ANIMALI	LATTE
ANATRA	PECORA
FRUTTA	FIENILE
ORZO	GRANO
VERDURA	TRATTORE
PASTORE	CIBO
IRRIGAZIONE	PRATO

99 - Voeding

```
C Q S A N O H P O L S D L D
O U M R P N K L I Q U I D I
M A P P E T I T O G Z E Q G
M L W Y S P M L S Z D T K E
E I Y T O S S I N A R A V S
S T P R O T E I N E L I I T
T À H R U A M A R O S S T I
I C A L O R I E E P A K A O
B I L A N C I A T O L C M N
I Z G R B U G Y Y C U U I E
L I Z I W B W U E R T H N Y
E X J N L P J K S P E K A M
C A R B O I D R A T I K Y M
F E R M E N T A Z I O N E S
```

AMARO
CALORIE
DIETA
COMMESTIBILE
APPETITO
PROTEINE
BILANCIATO
FERMENTAZIONE
PESO
SANO

SALUTE
CARBOIDRATI
QUALITÀ
SALSA
GUSTO
DIGESTIONE
TOSSINA
VITAMINA
LIQUIDI

1 - Metingen

2 - Keuken

3 - Boten

4 - Chocolade

5 - Tijd

6 - Meditatie

7 - Zomer

8 - Vogels

9 - Behoud

10 - Wiskunde

11 - Camping

12 - Activiteiten

13 - Vormen

14 - Astronomie

15 - Emoties

16 - Vakantie #2

17 - Weersomstandigh

18 - Strand

19 - Eten #2

20 - Klimmen

21 - Restaurant #1

22 - Geologie

23 - Specerijen

24 - Groenten

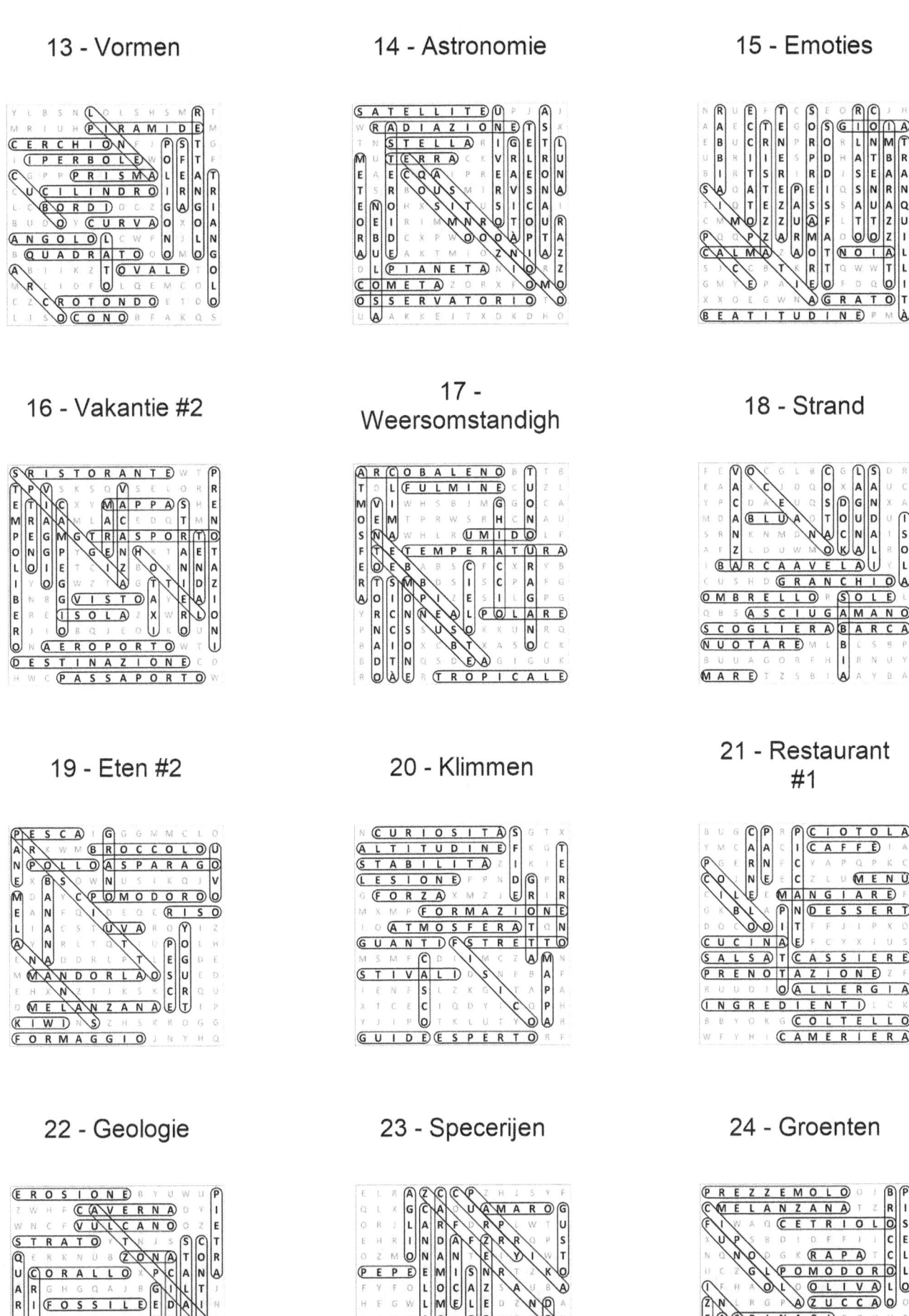

25 - Dans

26 - Sport

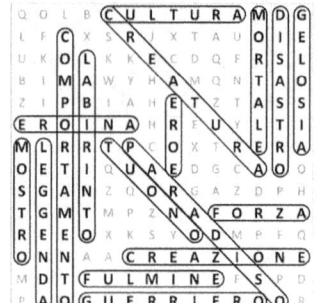

27 - Mythologie

28 - Vakantie #1

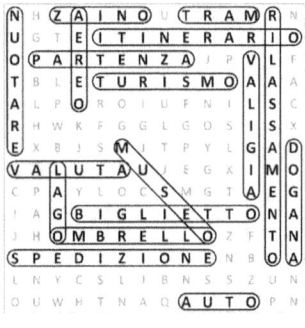

29 - Eten #1

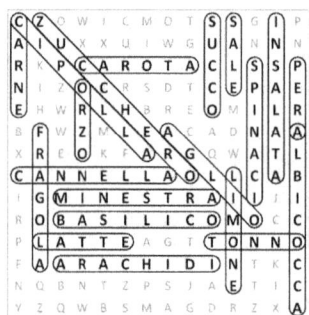

30 - Avontuur

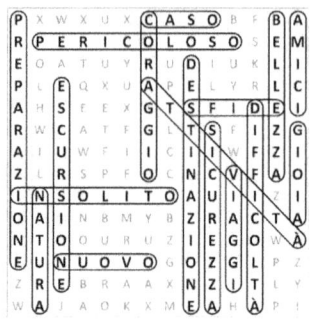

31 - Circus

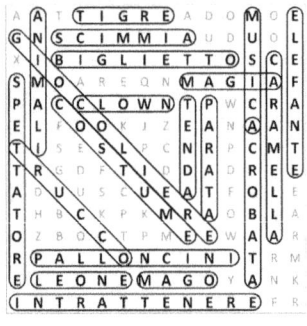

32 - Restaurant #2

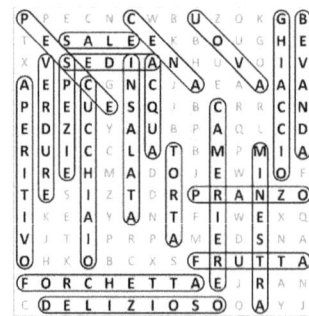

33 - Bijen

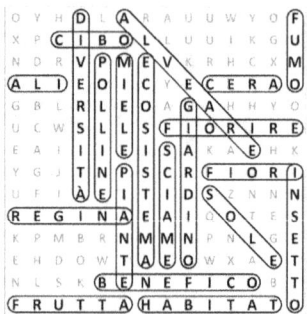

34 - School #1

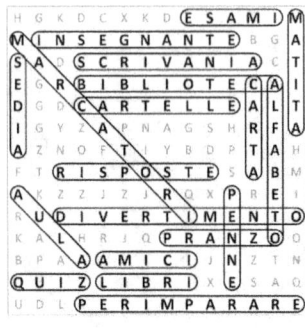

35 - Wandelen

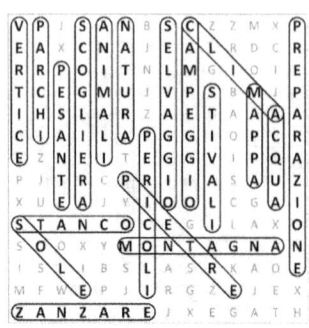

36 - Ecologie

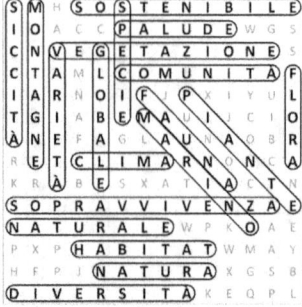

37 - Installaties

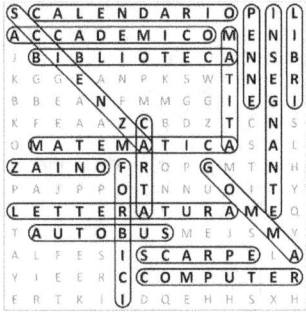

38 - School #2

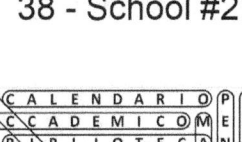

39 - Oceaan

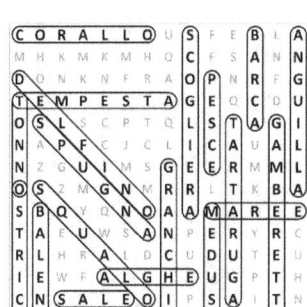

40 - Landen #2

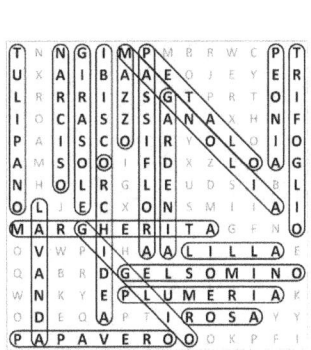

41 - Bloemen

42 - Huisdieren

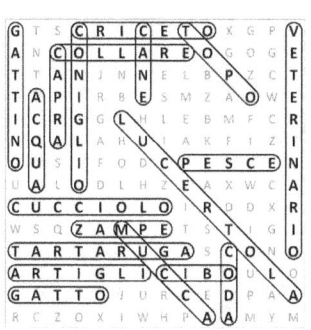

43 - Landschappen

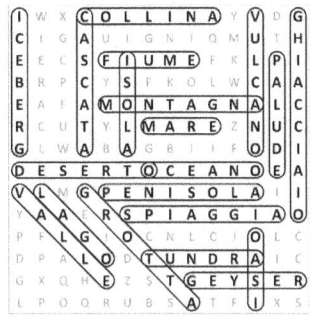

44 - Tuin

45 - Katten

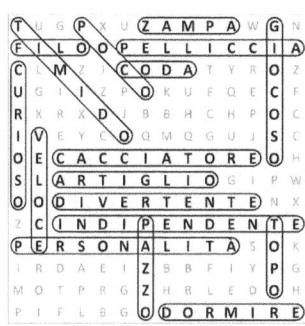

46 - Beroepen #2

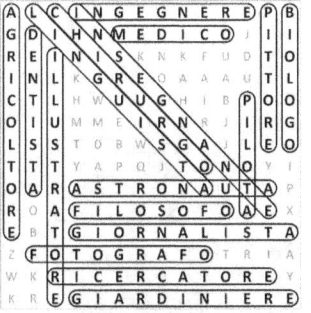

47 - Dagen en Maanden

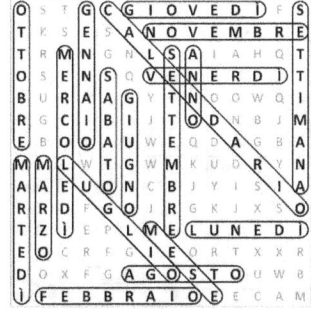

48 - Beeldende Kunsten

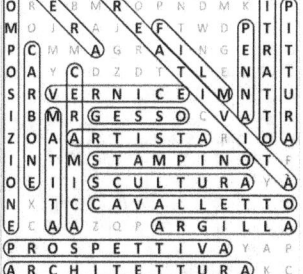

49 - Menselijk Lichaam

50 - Familie

51 - Gebouwen

52 - Kunst

53 - Beroepen #1

54 - Kastelen

55 - Insecten

56 - Antarctica

57 - Ballet

58 - Vissen

59 - Fruit

60 - Literatuur

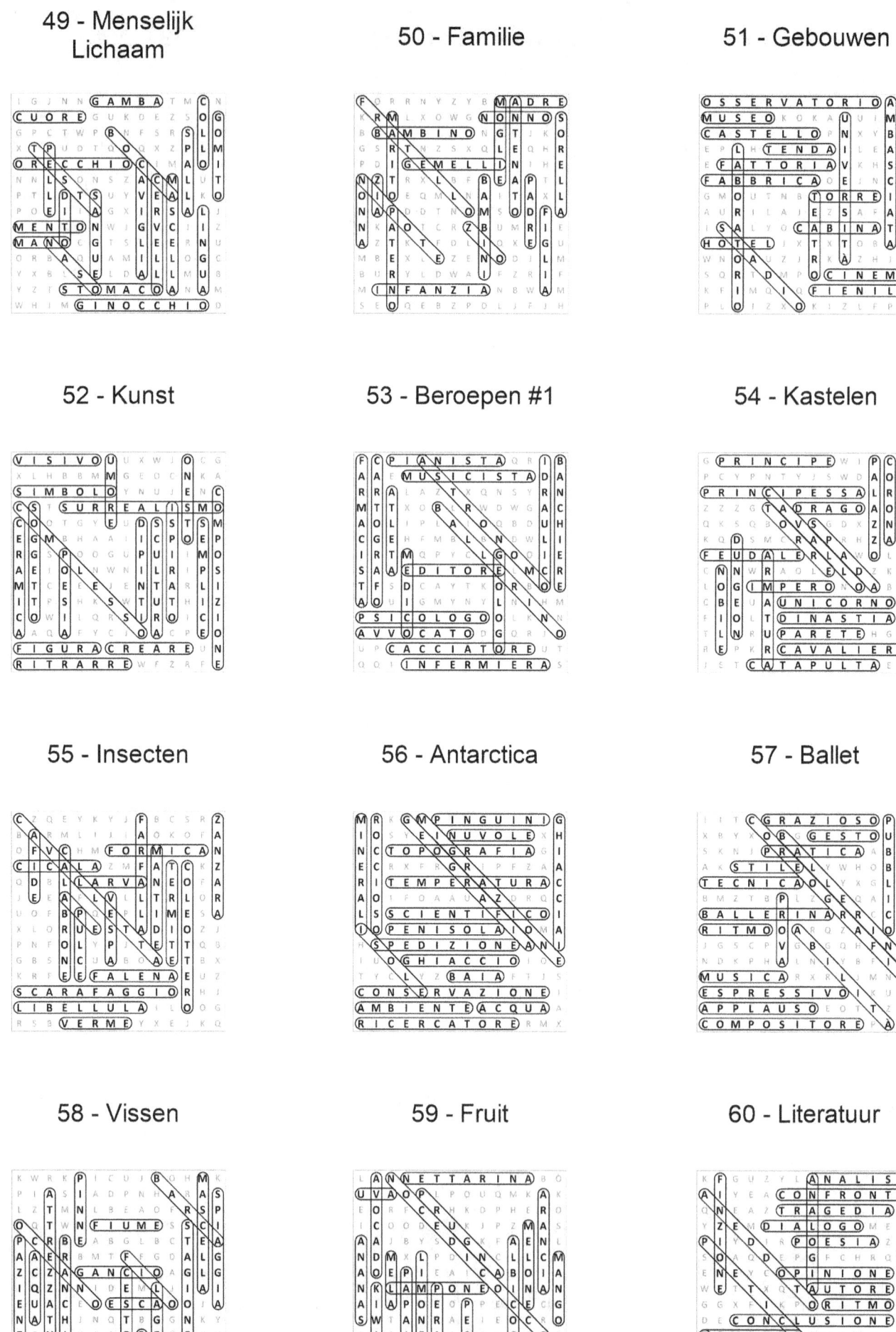

61 - Technologie

62 - Boeken

63 - Meer Informatie

64 - Regenwoud

65 - Haartypes

66 - Gereedschap Voor het Kok

67 - Stad

68 - Natuur

69 - Dinosaurussen

70 - Zoogdieren

71 - 1 Jaar Geleden

72 - Exploratie

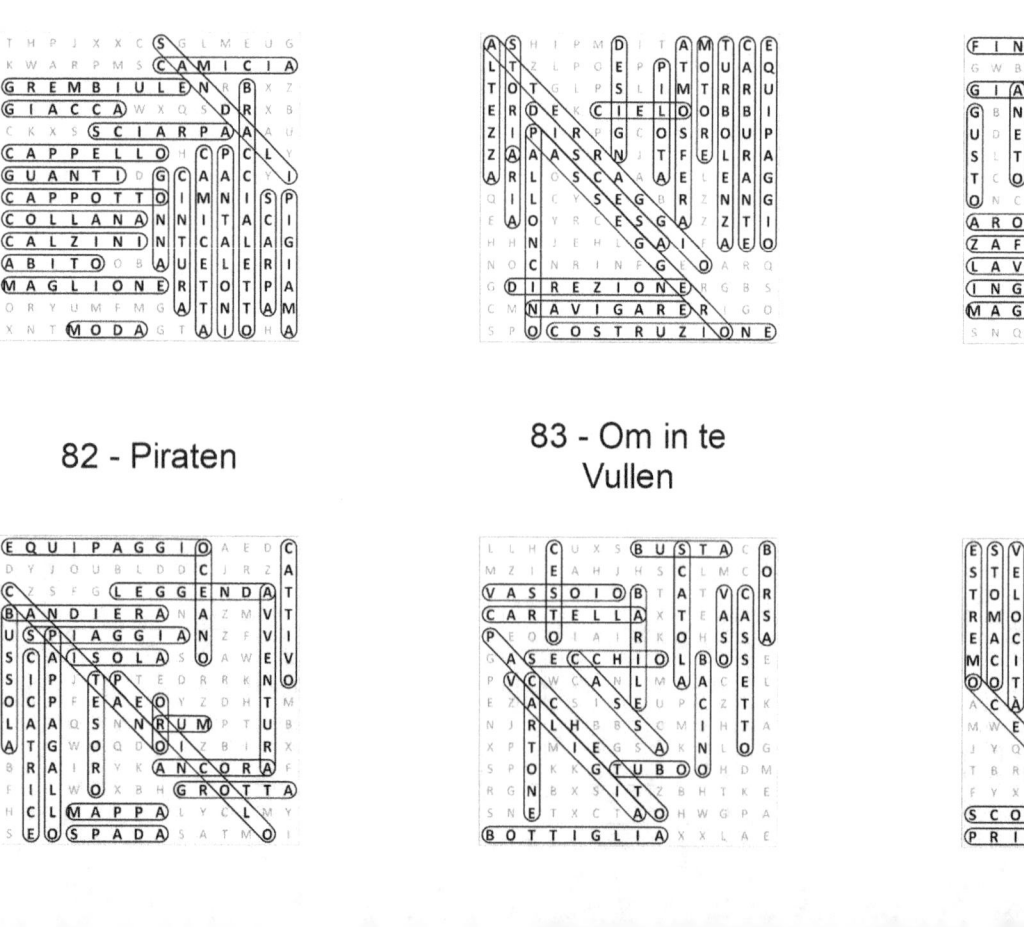

73 - Voertuigen

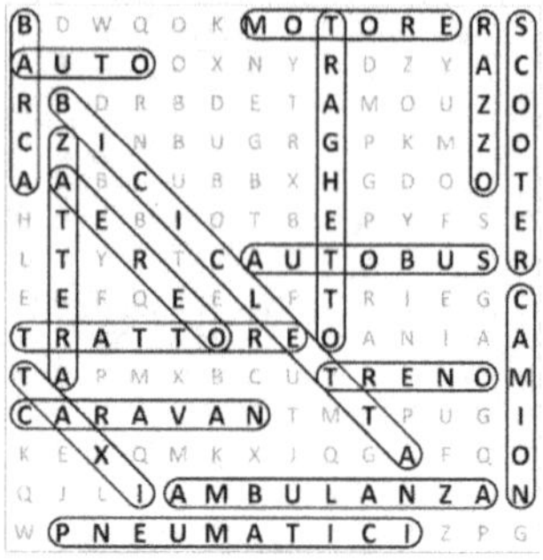

74 - Geografie

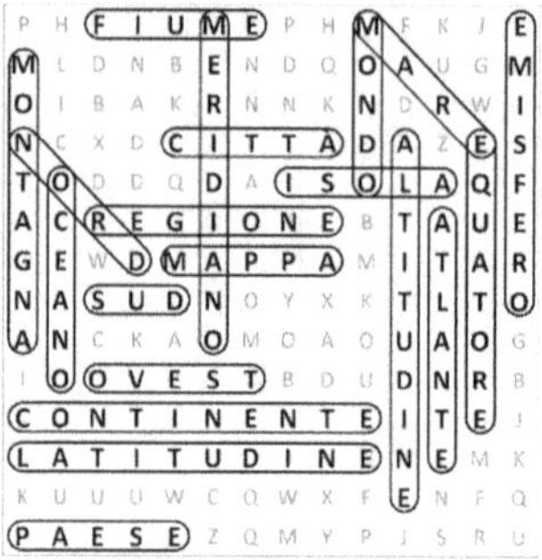

75 - Kunstbenodigdhe

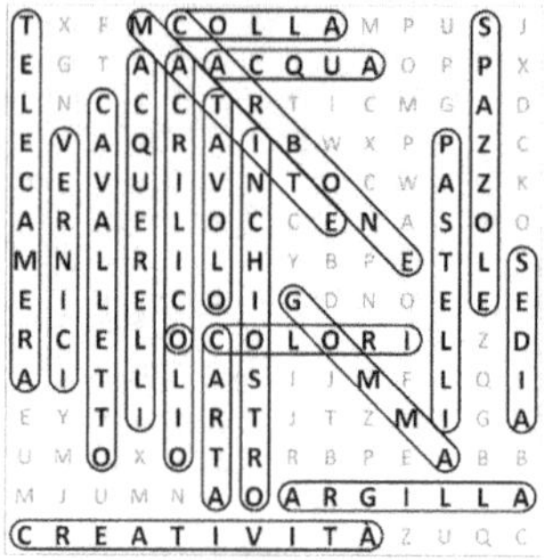

76 - Barbecues

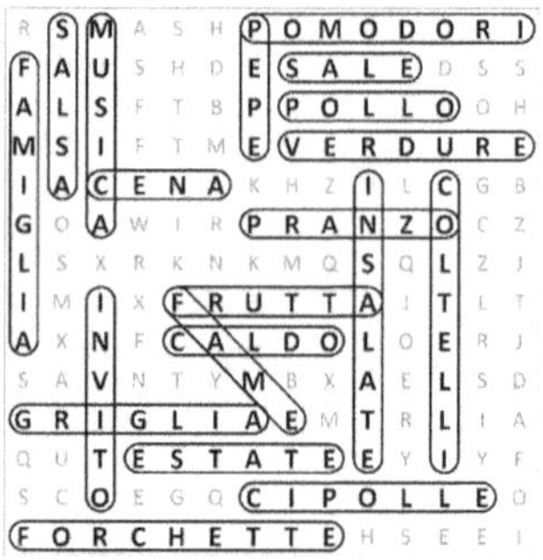

77 - Wetenschappelijk

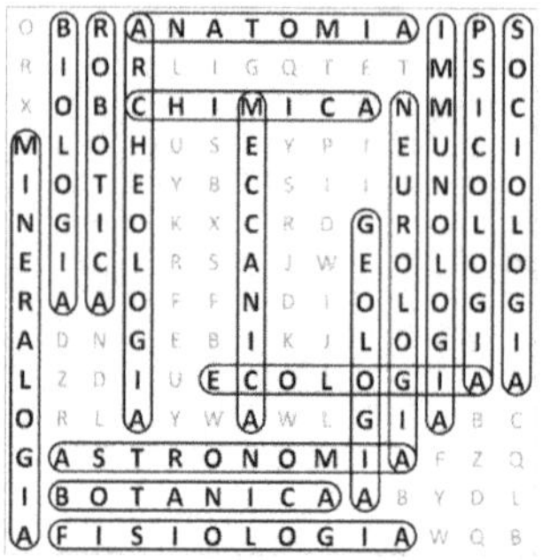

78 - Bijvoeglijke Naamwoorden

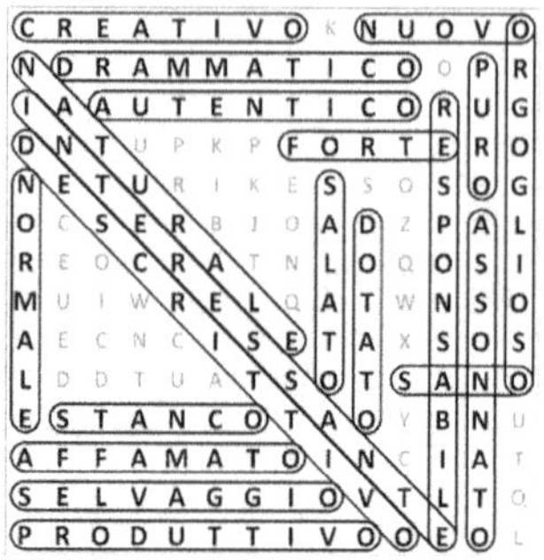

79 - Kleding

80 - Vliegtuigen

81 - Herbalisme

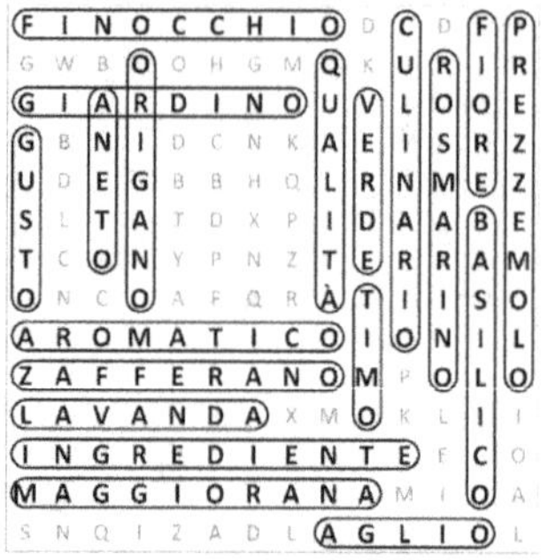

82 - Piraten

83 - Om in te Vullen

84 - Surfen

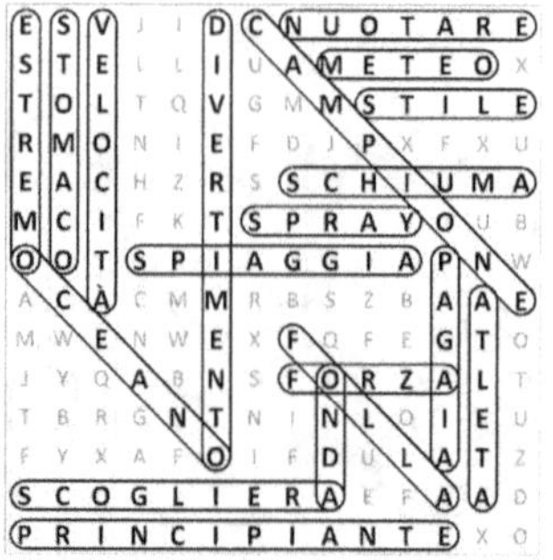

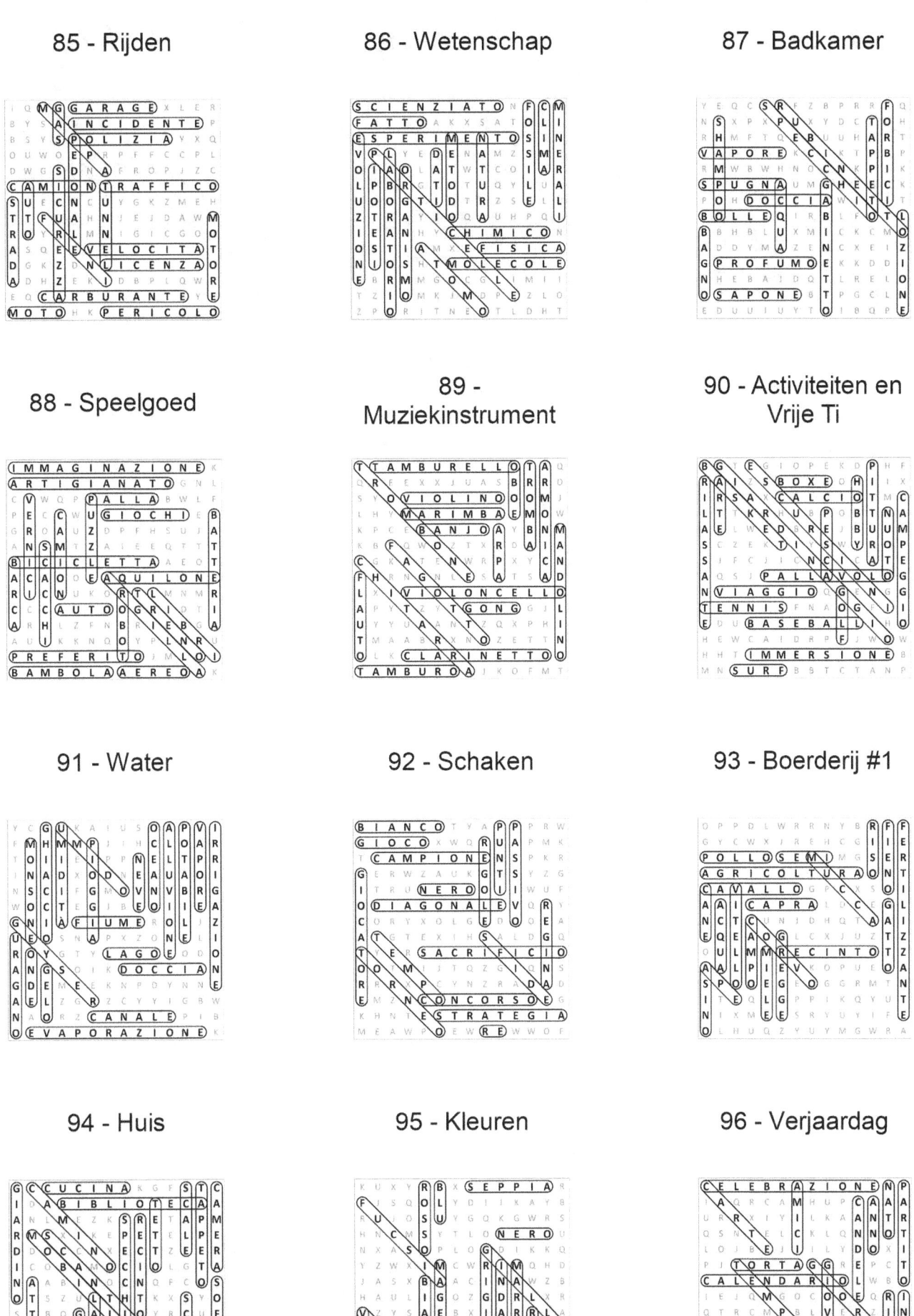

85 - Rijden

86 - Wetenschap

87 - Badkamer

88 - Speelgoed

89 - Muziekinstrument

90 - Activiteiten en Vrije Ti

91 - Water

92 - Schaken

93 - Boerderij #1

94 - Huis

95 - Kleuren

96 - Verjaardag

97 - Getallen

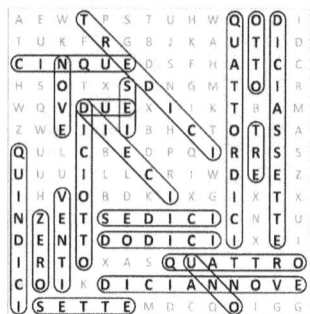

98 - Boerderij #2

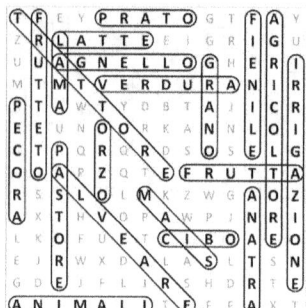

99 - Voeding

Woordenboek

1 Jaar Geleden
Virtù #1

Artistiek	Artistico
Behulpzaam	Utile
Bescheiden	Modesto
Beslissend	Decisivo
Betrouwbaar	Affidabile
Charmant	Affascinante
Efficiënt	Efficiente
Gepassioneerd	Appassionato
Goed	Buono
Grappig	Divertente
Gul	Generoso
Intelligent	Intelligente
Nieuwsgierig	Curioso
Onafhankelijk	Indipendente
Patiënt	Paziente
Praktisch	Pratico
Schoon	Pulito
Wijs	Saggio

Activiteiten
Attività

Activiteit	Attività
Ambachten	Artigianato
Dansen	Danza
Fotografie	Fotografia
Hengelsport	Pesca
Jacht	Caccia
Kamperen	Campeggio
Keramiek	Ceramica
Kunst	Arte
Lezen	Lettura
Magie	Magia
Naaien	Cucire
Ontspanning	Rilassamento
Plezier	Piacere
Puzzels	Puzzle
Schilderij	Pittura
Tuinieren	Giardinaggio
Vaardigheid	Abilità
Vrije Tijd	Tempo Libero
Wandelen	Escursioni

Activiteiten en Vrije Ti
Attività e Tempo Libero

Basketbal	Basket
Boksen	Boxe
Duiken	Immersione
Golf	Golf
Hengelsport	Pesca
Hobby	Hobby
Honkbal	Baseball
Kamperen	Campeggio
Kunst	Arte
Ontspannen	Rilassante
Reis	Viaggio
Schilderij	Pittura
Surfen	Surf
Tennis	Tennis
Tuinieren	Giardinaggio
Voetbal	Calcio
Volleybal	Pallavolo
Wandelen	Escursioni
Zwemmen	Nuoto

Antarctica
Antartide

Baai	Baia
Behoud	Conservazione
Continent	Continente
Eilanden	Isole
Expeditie	Spedizione
Geografie	Geografia
Gletsjers	Ghiacciai
Ijs	Ghiaccio
Migratie	Migrazione
Mineralen	Minerali
Omgeving	Ambiente
Onderzoeker	Ricercatore
Pinguïn	Pinguini
Rotsachtig	Roccioso
Schiereiland	Penisola
Temperatuur	Temperatura
Topografie	Topografia
Water	Acqua
Wetenschappelijk	Scientifico
Wolken	Nuvole

Astronomie
Astronomia

Aarde	Terra
Asteroïde	Asteroide
Astronaut	Astronauta
Astronoom	Astronomo
Equinox	Equinozio
Komeet	Cometa
Kosmos	Cosmo
Maan	Luna
Meteoor	Meteora
Nevel	Nebulosa
Observatorium	Osservatorio
Planeet	Pianeta
Raket	Razzo
Satelliet	Satellite
Ster	Stella
Sterrenbeeld	Costellazione
Straling	Radiazione
Telescoop	Telescopio
Universum	Universo
Zwaartekracht	Gravità

Avontuur
Avventura

Activiteit	Attività
Bestemming	Destinazione
Enthousiasme	Entusiasmo
Excursie	Escursione
Gevaarlijk	Pericoloso
Kans	Caso
Moed	Coraggio
Moeilijkheid	Difficoltà
Natuur	Natura
Navigatie	Navigazione
Nieuw	Nuovo
Ongewoon	Insolito
Reizen	Viaggi
Schoonheid	Bellezza
Uitdagingen	Sfide
Veiligheid	Sicurezza
Verrassend	Sorprendente
Voorbereiding	Preparazione
Vreugde	Gioia
Vrienden	Amici

Badkamer
Bagno

Bad	Bagno
Bellen	Bolle
Douche	Doccia
Handdoek	Asciugamano
Kraan	Rubinetto
Lotion	Lozione
Parfum	Profumo
Schaar	Forbici
Shampoo	Shampoo
Spiegel	Specchio
Spons	Spugna
Stoom	Vapore
Tapijt	Tappeto
Water	Acqua
Wc	Gabinetto
Zeep	Sapone

Ballet
Balletto

Applaus	Applauso
Artistiek	Artistico
Ballerina	Ballerina
Choreografie	Coreografia
Componist	Compositore
Dansers	Ballerini
Expressief	Espressivo
Gebaar	Gesto
Intensiteit	Intensità
Muziek	Musica
Orkest	Orchestra
Praktijk	Pratica
Publiek	Pubblico
Repetitie	Prova
Ritme	Ritmo
Sierlijk	Grazioso
Spieren	Muscoli
Stijl	Stile
Techniek	Tecnica
Vaardigheid	Abilità

Barbecues
Barbecue

Diner	Cena
Familie	Famiglia
Fruit	Frutta
Grill	Griglia
Groente	Verdure
Heet	Caldo
Honger	Fame
Kip	Pollo
Lunch	Pranzo
Messen	Coltelli
Muziek	Musica
Peper	Pepe
Salades	Insalate
Saus	Salsa
Tomaten	Pomodori
Uien	Cipolle
Uitnodiging	Invito
Vorken	Forchette
Zomer	Estate
Zout	Sale

Beeldende Kunsten
Arti Visive

Architectuur	Architettura
Artiest	Artista
Beeldhouwwerk	Scultura
Creativiteit	Creatività
Ezel	Cavalletto
Film	Film
Houtskool	Carbone
Keramiek	Ceramica
Klei	Argilla
Krijt	Gesso
Meesterwerk	Capolavoro
Pen	Penna
Perspectief	Prospettiva
Portret	Ritratto
Potlood	Matita
Samenstelling	Composizione
Schilderij	Pittura
Stencil	Stampino
Vernis	Vernice
Was	Cera

Behoud
Conservazione

Duurzaam	Sostenibile
Ecosysteem	Ecosistema
Fiets	Ciclo
Gezondheid	Salute
Groen	Verde
Habitat	Habitat
Klimaat	Clima
Milieu	Ambientale
Natuurlijk	Naturale
Onderwijs	Educazione
Organisch	Organico
Pesticide	Pesticida
Recycleren	Riciclare
Veranderingen	Cambiamenti
Verminderen	Ridurre
Vervuiling	Inquinamento
Vrijwilliger	Volontario
Water	Acqua

Beroepen #1
Professioni #1

Advocaat	Avvocato
Ambassadeur	Ambasciatore
Apotheker	Farmacista
Astronoom	Astronomo
Atleet	Atleta
Bankier	Banchiere
Cartograaf	Cartografo
Danser	Ballerino
Dierenarts	Veterinario
Dokter	Medico
Editor	Editore
Geoloog	Geologo
Jager	Cacciatore
Juwelier	Gioielliere
Loodgieter	Idraulico
Muzikant	Musicista
Pianist	Pianista
Psycholoog	Psicologo
Verpleegster	Infermiera
Wetenschapper	Scienziato

Beroepen #2
Professioni #2

Arts	Medico
Astronaut	Astronauta
Bibliothecaris	Bibliotecario
Bioloog	Biologo
Boer	Agricoltore
Chirurg	Chirurgo
Detective	Detective
Filosoof	Filosofo
Fotograaf	Fotografo
Illustrator	Illustratore
Ingenieur	Ingegnere
Journalist	Giornalista
Leraar	Insegnante
Linguïst	Linguista
Onderzoeker	Ricercatore
Piloot	Pilota
Schilder	Pittore
Tandarts	Dentista
Tuinman	Giardiniere
Uitvinder	Inventore

Bijen
Api

Bijenkorf	Alveare
Bloemen	Fiori
Bloesem	Fiorire
Diversiteit	Diversità
Ecosysteem	Ecosistema
Fruit	Frutta
Habitat	Habitat
Honing	Miele
Insect	Insetto
Koningin	Regina
Planten	Piante
Rook	Fumo
Stuifmeel	Polline
Tuin	Giardino
Vleugels	Ali
Voedsel	Cibo
Voordelig	Benefico
Was	Cera
Zon	Sole
Zwerm	Sciame

Bijvoeglijke Naamwoorden
Aggettivi #1

Aantrekkelijk	Attraente
Actief	Attivo
Ambitieus	Ambizioso
Aromatisch	Aromatico
Artistiek	Artistico
Belangrijk	Importante
Diep	Profondo
Donker	Scuro
Dun	Sottile
Eerlijk	Onesto
Exotisch	Esotico
Identiek	Identico
Jong	Giovane
Lang	Lungo
Langzaam	Lento
Modern	Moderno
Onschuldig	Innocente
Perfect	Perfetto
Waardevol	Prezioso
Zwaar	Pesante

Bijvoeglijke Naamwoorden
Aggettivi #2

Authentiek	Autentico
Begaafd	Dotato
Beschrijvend	Descrittivo
Creatief	Creativo
Dramatisch	Drammatico
Gezond	Sano
Hongerig	Affamato
Interessant	Interessante
Moe	Stanco
Natuurlijk	Naturale
Nieuw	Nuovo
Normaal	Normale
Productief	Produttivo
Slaperig	Assonnato
Sterk	Forte
Trots	Orgoglioso
Verantwoordelijk	Responsabile
Wild	Selvaggio
Zout	Salato
Zuiver	Puro

Bloemen
Fiori

Bloemblad	Petalo
Boeket	Mazzo
Gardenia	Gardenia
Hibiscus	Ibisco
Jasmijn	Gelsomino
Klaver	Trifoglio
Lavendel	Lavanda
Lelie	Giglio
Lila	Lilla
Madeliefje	Margherita
Magnolia	Magnolia
Narcis	Narciso
Orchidee	Orchidea
Papaver	Papavero
Passiebloem	Passiflora
Pioenroos	Peonia
Plumeria	Plumeria
Roos	Rosa
Tulp	Tulipano
Zonnebloem	Girasole

Boeken
Libri

Auteur	Autore
Avontuur	Avventura
Bladzijde	Pagina
Collectie	Collezione
Context	Contesto
Dualiteit	Dualità
Episch	Epico
Geschreven	Scritto
Historisch	Storico
Humoristisch	Umoristico
Inventief	Inventivo
Karakter	Carattere
Lezer	Lettore
Literair	Letterario
Poëzie	Poesia
Relevant	Rilevante
Roman	Romanzo
Tragisch	Tragico
Verhaal	Storia
Verteller	Narratore

Boerderij #1
Fattoria #1

Bij	Ape
Ezel	Asino
Geit	Capra
Hek	Recinto
Hond	Cane
Honing	Miele
Hooi	Fieno
Kalf	Vitello
Kat	Gatto
Kip	Pollo
Koe	Mucca
Kraai	Corvo
Kudde	Gregge
Landbouw	Agricoltura
Mest	Fertilizzante
Paard	Cavallo
Rijst	Riso
Veld	Campo
Water	Acqua
Zaden	Semi

Boerderij #2
Fattoria #2

Bijenkorf	Alveare
Boer	Agricoltore
Boomgaard	Frutteto
Dieren	Animali
Eend	Anatra
Fruit	Frutta
Gerst	Orzo
Groente	Verdura
Herder	Pastore
Irrigatie	Irrigazione
Lam	Agnello
Lama	Lama
Maïs	Mais
Melk	Latte
Schaap	Pecora
Schuur	Fienile
Tarwe	Grano
Tractor	Trattore
Voedsel	Cibo
Weide	Prato

Boten
Imbarcazioni

Anker	Ancora
Bemanning	Equipaggio
Boei	Boa
Dok	Dock
Golven	Onde
Jacht	Yacht
Kajak	Kayak
Kano	Canoa
Maritiem	Marittimo
Mast	Albero
Meer	Lago
Motor	Motore
Nautisch	Nautico
Oceaan	Oceano
Rivier	Fiume
Touw	Corda
Veerboot	Traghetto
Vlot	Zattera
Zee	Mare
Zeilboot	Barca a Vela

Camping
Campeggio

Avontuur	Avventura
Berg	Montagna
Bomen	Alberi
Bos	Foresta
Brand	Fuoco
Cabine	Cabina
Dieren	Animali
Hangmat	Amaca
Hoed	Cappello
Insect	Insetto
Jacht	Caccia
Kaart	Mappa
Kano	Canoa
Kompas	Bussola
Lantaarn	Lanterna
Maan	Luna
Meer	Lago
Natuur	Natura
Tent	Tenda
Touw	Corda

Chocolade
Cioccolato

Antioxidant	Antiossidante
Aroma	Aroma
Bitter	Amaro
Cacao	Cacao
Calorieën	Calorie
Exotisch	Esotico
Favoriet	Preferito
Heerlijk	Delizioso
Ingrediënt	Ingrediente
Karamel	Caramello
Kokosnoot	Noce di Cocco
Kwaliteit	Qualità
Pinda'S	Arachidi
Poeder	Polvere
Recept	Ricetta
Smaak	Gusto
Snoep	Caramella
Suiker	Zucchero
Verlangen	Brama
Zoet	Dolce

Circus
Circo

Aap	Scimmia
Acrobaat	Acrobata
Ballonnen	Palloncini
Clown	Clown
Dieren	Animali
Goochelaar	Mago
Jongleur	Giocoliere
Kaartje	Biglietto
Kostuum	Costume
Leeuw	Leone
Magie	Magia
Muziek	Musica
Olifant	Elefante
Parade	Parata
Snoep	Caramella
Tent	Tenda
Tijger	Tigre
Toeschouwer	Spettatore
Truc	Trucco
Vermaken	Intrattenere

Dagen en Maanden
Giorni e Mesi

Augustus	Agosto
Dinsdag	Martedì
Donderdag	Giovedì
Februari	Febbraio
Jaar	Anno
Januari	Gennaio
Juli	Luglio
Juni	Giugno
Kalender	Calendario
Maand	Mese
Maandag	Lunedì
Maart	Marzo
November	Novembre
Oktober	Ottobre
September	Settembre
Vrijdag	Venerdì
Week	Settimana
Woensdag	Mercoledì
Zaterdag	Sabato
Zondag	Domenica

Dans
Danza

Academie	Accademia
Beweging	Movimento
Blij	Gioioso
Choreografie	Coreografia
Cultureel	Culturale
Cultuur	Cultura
Emotie	Emozione
Expressief	Espressivo
Genade	Grazia
Houding	Postura
Klassiek	Classico
Kunst	Arte
Lichaam	Corpo
Muziek	Musica
Partner	Compagno
Repetitie	Prova
Ritme	Ritmo
Springen	Salto
Traditioneel	Tradizionale
Visueel	Visivo

Dinosaurussen
Dinosauri

Aarde	Terra
Carnivoor	Carnivoro
Enorm	Enorme
Evolutie	Evoluzione
Fossielen	Fossili
Groot	Grande
Grootte	Taglia
Herbivoor	Erbivoro
Krachtig	Potente
Mammoet	Mammut
Omnivoor	Onnivoro
Prehistorisch	Preistorico
Prooi	Preda
Reptiel	Rettile
Roofvogel	Rapace
Soort	Specie
Staart	Coda
Verdwijning	Scomparsa
Vicieuze	Vizioso
Vleugels	Ali

Ecologie
Ecologia

Bergen	Montagne
Diversiteit	Diversità
Droogte	Siccità
Duurzaam	Sostenibile
Fauna	Fauna
Flora	Flora
Gemeenschappen	Comunità
Globaal	Globale
Habitat	Habitat
Klimaat	Clima
Marinier	Marino
Moeras	Palude
Natuur	Natura
Natuurlijk	Naturale
Overleving	Sopravvivenza
Planten	Piante
Soort	Specie
Variëteit	Varietà
Vegetatie	Vegetazione
Vrijwilligers	Volontari

Emoties
Emozioni

Angst	Paura
Beschaamd	Imbarazzato
Dankbaar	Grato
Droefheid	Tristezza
Gelukzaligheid	Beatitudine
Inhoud	Contenuto
Kalm	Calma
Liefde	Amore
Ontspannen	Rilassato
Opgewonden	Eccitato
Rust	Tranquillità
Sympathie	Simpatia
Tederheid	Tenerezza
Tevreden	Soddisfatto
Verrassing	Sorpresa
Verveling	Noia
Vrede	Pace
Vreugde	Gioia
Vriendelijkheid	Gentilezza
Woede	Rabbia

Eten #1
Cibo #1

Aardbei	Fragola
Abrikoos	Albicocca
Basilicum	Basilico
Citroen	Limone
Gerst	Orzo
Kaneel	Cannella
Knoflook	Aglio
Melk	Latte
Peer	Pera
Pinda	Arachidi
Salade	Insalata
Sap	Succo
Soep	Minestra
Spinazie	Spinaci
Suiker	Zucchero
Tonijn	Tonno
Ui	Cipolla
Vlees	Carne
Wortel	Carota
Zout	Sale

Eten #2
Cibo #2

Amandel	Mandorla
Ananas	Ananas
Appel	Mela
Asperge	Asparago
Aubergine	Melanzana
Banaan	Banana
Broccoli	Broccolo
Brood	Pane
Druif	Uva
Ei	Uovo
Ham	Prosciutto
Kaas	Formaggio
Kip	Pollo
Kiwi	Kiwi
Perzik	Pesca
Rijst	Riso
Tarwe	Grano
Tomaat	Pomodoro
Vis	Pesce
Yoghurt	Yogurt

Exploratie
Esplorazione

Activiteit	Attività
Culturen	Culture
Dieren	Animali
Gevaarlijk	Pericoloso
Gevaren	Pericoli
Leren	Per Imparare
Moed	Coraggio
Nieuw	Nuovo
Onbekend	Sconosciuto
Ontdekking	Scoperta
Opwinding	Eccitazione
Reis	Viaggio
Ruimte	Spazio
Taal	Lingua
Terrein	Terreno
Uitputting	Esaurimento
Wild	Selvaggio

Familie
Famiglia

Broer	Fratello
Dochter	Figlia
Grootmoeder	Nonna
Jeugd	Infanzia
Kind	Bambino
Kinderen	Bambini
Kleinzoon	Nipote
Man	Marito
Moeder	Madre
Neef	Nipote
Nicht	Nipote
Oom	Zio
Opa	Nonno
Tante	Zia
Tweeling	Gemelli
Vader	Padre
Vaderlijk	Paterno
Voorouder	Antenato
Vrouw	Moglie
Zus	Sorella

Fruit
Frutta

Abrikoos	Albicocca
Ananas	Ananas
Appel	Mela
Avocado	Avocado
Banaan	Banana
Bes	Bacca
Citroen	Limone
Druif	Uva
Framboos	Lampone
Kers	Ciliegia
Kiwi	Kiwi
Kokosnoot	Noce di Cocco
Mango	Mango
Meloen	Melone
Nectarine	Nettarina
Oranje	Arancia
Papaja	Papaia
Peer	Pera
Perzik	Pesca
Pruim	Prugna

Gebouwen
Edifici

Ambassade	Ambasciata
Appartement	Appartamento
Bioscoop	Cinema
Boerderij	Fattoria
Cabine	Cabina
Fabriek	Fabbrica
Hotel	Hotel
Kasteel	Castello
Laboratorium	Laboratorio
Museum	Museo
Observatorium	Osservatorio
School	Scuola
Schuur	Fienile
Stadion	Stadio
Supermarkt	Supermercato
Tent	Tenda
Theater	Teatro
Toren	Torre
Universiteit	Università
Ziekenhuis	Ospedale

Geografie
Geografia

Atlas	Atlante
Berg	Montagna
Breedtegraad	Latitudine
Continent	Continente
Eiland	Isola
Evenaar	Equatore
Halfrond	Emisfero
Hoogte	Altitudine
Kaart	Mappa
Land	Paese
Meridiaan	Meridiano
Noorden	Nord
Oceaan	Oceano
Regio	Regione
Rivier	Fiume
Stad	Città
Wereld	Mondo
Westen	Ovest
Zee	Mare
Zuiden	Sud

Geologie
Geologia

Aardbeving	Terremoto
Calcium	Calcio
Continent	Continente
Erosie	Erosione
Fossiel	Fossile
Geiser	Geyser
Gesmolten	Fuso
Grot	Caverna
Koraal	Corallo
Kristallen	Cristalli
Kwarts	Quarzo
Laag	Strato
Lava	Lava
Plateau	Altopiano
Stalactiet	Stalattite
Steen	Pietra
Vulkaan	Vulcano
Zone	Zona
Zout	Sale
Zuur	Acido

Gereedschap Voor het Kok
Strumenti di Cottura

Bestek	Posate
Broodrooster	Tostapane
Deksel	Coperchio
Kachel	Stufa
Ketel	Bollitore
Koelkast	Frigorifero
Lepel	Cucchiaio
Mes	Coltello
Oven	Forno
Rasp	Grattugia
Sapcentrifuge	Spremiagrumi
Schaar	Forbici
Spatel	Spatola
Thermometer	Termometro
Vergiet	Colino
Vork	Forchetta
Zeef	Filtro

Getallen
Numeri

Acht	Otto
Achttien	Diciotto
Dertien	Tredici
Drie	Tre
Een	Uno
Negen	Nove
Negentien	Diciannove
Nul	Zero
Tien	Dieci
Twaalf	Dodici
Twee	Due
Twintig	Venti
Veertien	Quattordici
Vier	Quattro
Vijf	Cinque
Vijftien	Quindici
Zes	Sei
Zestien	Sedici
Zeven	Sette
Zeventien	Diciassette

Groenten
Verdure

Artisjok	Carciofo
Aubergine	Melanzana
Broccoli	Broccolo
Erwt	Pisello
Gember	Zenzero
Knoflook	Aglio
Komkommer	Cetriolo
Olijf	Oliva
Paddestoel	Fungo
Peterselie	Prezzemolo
Pompoen	Zucca
Raap	Rapa
Radijs	Ravanello
Salade	Insalata
Selderij	Sedano
Sjalot	Scalogno
Spinazie	Spinaci
Tomaat	Pomodoro
Ui	Cipolla
Wortel	Carota

Haartypes
Tipi di Capelli

Blond	Biondo
Bruin	Marrone
Dik	Spessore
Droog	Asciutto
Dun	Sottile
Gekleurd	Colorato
Gevlochten	Intrecciato
Gezond	Sano
Glimmend	Lucido
Golvend	Ondulato
Grijs	Grigio
Kaal	Calvo
Kort	Breve
Krullen	Riccioli
Krullend	Riccio
Lang	Lungo
Wit	Bianco
Zacht	Morbido
Zilver	Argento
Zwart	Nero

Herbalisme
Erboristeria

Aromatisch	Aromatico
Basilicum	Basilico
Bloem	Fiore
Culinair	Culinario
Dille	Aneto
Dragon	Dragoncello
Groen	Verde
Ingrediënt	Ingrediente
Knoflook	Aglio
Kwaliteit	Qualità
Lavendel	Lavanda
Marjolein	Maggiorana
Oregano	Origano
Peterselie	Prezzemolo
Rozemarijn	Rosmarino
Saffraan	Zafferano
Smaak	Gusto
Tijm	Timo
Tuin	Giardino
Venkel	Finocchio

Huis
Casa

Bezem	Scopa
Bibliotheek	Biblioteca
Dak	Tetto
Deur	Porta
Douche	Doccia
Garage	Garage
Haard	Camino
Hek	Recinto
Kamer	Camera
Kelder	Scantinato
Keuken	Cucina
Lamp	Lampada
Meubilair	Mobilio
Muur	Parete
Plafond	Soffitto
Spiegel	Specchio
Tapijt	Tappeto
Trap	Scale
Tuin	Giardino
Zolder	Attico

Huisdieren
Animali Domestici

Dierenarts	Veterinario
Geit	Capra
Hagedis	Lucertola
Hamster	Criceto
Hond	Cane
Kat	Gatto
Katje	Gattino
Klauwen	Artigli
Koe	Mucca
Konijn	Coniglio
Kraag	Collare
Muis	Topo
Papegaai	Pappagallo
Poten	Zampe
Puppy	Cucciolo
Schildpad	Tartaruga
Staart	Coda
Vis	Pesce
Voedsel	Cibo
Water	Acqua

Insecten
Insetti

Bidsprinkhaan	Mantide
Bij	Ape
Bladluis	Afide
Cicade	Cicala
Horzel	Calabrone
Kakkerlak	Scarafaggio
Kever	Coleottero
Larve	Larva
Libel	Libellula
Mier	Formica
Mot	Falena
Mug	Zanzara
Sprinkhaan	Cavalletta
Termiet	Termite
Vlinder	Farfalla
Vlo	Pulce
Wesp	Vespa
Worm	Verme

Installaties
Piante

Bamboe	Bambù
Bes	Bacca
Blad	Foglia
Bloem	Fiore
Bloesem	Fiorire
Boom	Albero
Boon	Fagiolo
Bos	Foresta
Cactus	Cactus
Flora	Flora
Gebladerte	Fogliame
Gras	Erba
Klimop	Edera
Mest	Fertilizzante
Mos	Muschio
Plantkunde	Botanica
Struik	Cespuglio
Tuin	Giardino
Vegetatie	Vegetazione
Wortel	Radice

Kastelen
Castelli

Draak	Drago
Dynastie	Dinastia
Edele	Nobile
Eenhoorn	Unicorno
Feodaal	Feudale
Harnas	Armatura
Katapult	Catapulta
Kerker	Dungeon
Koninkrijk	Regno
Kroon	Corona
Muur	Parete
Paard	Cavallo
Paleis	Palazzo
Prins	Principe
Prinses	Principessa
Ridder	Cavaliere
Rijk	Impero
Schild	Scudo
Toren	Torre
Zwaard	Spada

Katten
Gatti

Bont	Pelliccia
Garen	Filo
Gek	Pazzo
Grappig	Divertente
Jager	Cacciatore
Klauw	Artiglio
Klein	Poco
Muis	Topo
Nieuwsgierig	Curioso
Onafhankelijk	Indipendente
Persoonlijkheid	Personalità
Poot	Zampa
Slaap	Dormire
Snel	Veloce
Speels	Giocoso
Staart	Coda
Verlegen	Timido
Wild	Selvaggio

Keuken
Cucina

Cup	Tazze
Eetstokjes	Bacchette
Grill	Griglia
Ketel	Bollitore
Koelkast	Frigorifero
Kom	Ciotola
Kruik	Brocca
Lepels	Cucchiai
Messen	Coltelli
Oven	Forno
Pollepel	Mestolo
Pot	Vaso
Recept	Ricetta
Schort	Grembiule
Servet	Tovagliolo
Specerijen	Spezie
Spons	Spugna
Voedsel	Cibo
Vorken	Forchette
Vriezer	Congelatore

Kleding
Vestiti

Armband	Braccialetto
Blouse	Camicetta
Broek	Pantaloni
Handschoenen	Guanti
Hoed	Cappello
Jas	Cappotto
Jasje	Giacca
Jurk	Abito
Ketting	Collana
Mode	Moda
Pyjama	Pigiama
Riem	Cintura
Rok	Gonna
Sandalen	Sandali
Schoen	Scarpa
Schort	Grembiule
Shirt	Camicia
Sjaal	Sciarpa
Sokken	Calzini
Trui	Maglione

Kleuren
Colori

Azuur	Azzurro
Beige	Beige
Blauw	Blu
Bruin	Marrone
Cyaan	Ciano
Fuchsia	Fucsia
Geel	Giallo
Grijs	Grigio
Groen	Verde
Indigo	Indaco
Magenta	Magenta
Oranje	Arancia
Paars	Viola
Rood	Rosso
Roze	Rosa
Sepia	Seppia
Wit	Bianco
Zwart	Nero

Klimmen
Arrampicata

Atmosfeer	Atmosfera
Deskundige	Esperto
Fysiek	Fisico
Gidsen	Guide
Grot	Grotta
Handschoenen	Guanti
Helm	Casco
Hoogte	Altitudine
Kaart	Mappa
Kracht	Forza
Laarzen	Stivali
Letsel	Lesione
Nieuwsgierigheid	Curiosità
Opleiding	Formazione
Smal	Stretto
Stabiliteit	Stabilità
Terrein	Terreno
Uitdagingen	Sfide
Wandelen	Escursioni

Kunst
Arte

Beeldhouwwerk	Scultura
Complex	Complesso
Creëren	Creare
Eenvoudig	Semplice
Eerlijk	Onesto
Figuur	Figura
Geïnspireerd	Ispirato
Humeur	Umore
Keramisch	Ceramica
Onderwerp	Soggetto
Origineel	Originale
Persoonlijk	Personale
Poëzie	Poesia
Portretteren	Ritrarre
Samenstelling	Composizione
Schilderijen	Dipinti
Surrealisme	Surrealismo
Symbool	Simbolo
Uitdrukking	Espressione
Visueel	Visivo

Kunstbenodigdheden
Forniture Artistiche

Acryl	Acrilico
Aquarellen	Acquerelli
Borstels	Spazzole
Camera	Telecamera
Creativiteit	Creatività
Ezel	Cavalletto
Gom	Gomma
Houtskool	Carbone
Inkt	Inchiostro
Klei	Argilla
Kleuren	Colori
Lijm	Colla
Olie	Olio
Papier	Carta
Pastel	Pastelli
Potloden	Matite
Stoel	Sedia
Tafel	Tavolo
Verf	Vernici
Water	Acqua

Landen #2
Paesi #2

Denemarken	Danimarca
Ethiopië	Etiopia
Frankrijk	Francia
Griekenland	Grecia
Ierland	Irlanda
Indonesië	Indonesia
Japan	Giappone
Kenia	Kenya
Laos	Laos
Libanon	Libano
Liberia	Liberia
Maleisië	Malaysia
Mexico	Messico
Nepal	Nepal
Nigeria	Nigeria
Oeganda	Uganda
Oekraïne	Ucraina
Rusland	Russia
Somalië	Somalia
Syrië	Siria

Landschappen
Paesaggi

Berg	Montagna
Eiland	Isola
Geiser	Geyser
Gletsjer	Ghiacciaio
Grot	Grotta
Heuvel	Collina
IJsberg	Iceberg
Meer	Lago
Moeras	Palude
Oase	Oasi
Oceaan	Oceano
Rivier	Fiume
Schiereiland	Penisola
Strand	Spiaggia
Toendra	Tundra
Vallei	Valle
Vulkaan	Vulcano
Waterval	Cascata
Woestijn	Deserto
Zee	Mare

Literatuur
Letteratura

Analogie	Analogia
Analyse	Analisi
Anekdote	Aneddoto
Auteur	Autore
Biografie	Biografia
Conclusie	Conclusione
Dialoog	Dialogo
Fictie	Finzione
Gedicht	Poesia
Mening	Opinione
Metafoor	Metafora
Poëtisch	Poetico
Rijm	Rima
Ritme	Ritmo
Roman	Romanzo
Stijl	Stile
Thema	Tema
Tragedie	Tragedia
Vergelijking	Confronto
Verteller	Narratore

Meditatie
Meditazione

Aandacht	Attenzione
Aanvaarding	Accettazione
Ademhaling	Respirazione
Beweging	Movimento
Dankbaarheid	Gratitudine
Emoties	Emozioni
Gedachten	Pensieri
Geluk	Felicità
Helderheid	Chiarezza
Houding	Postura
Mededogen	Compassione
Mentaal	Mentale
Muziek	Musica
Natuur	Natura
Observatie	Osservazione
Perspectief	Prospettiva
Stilte	Silenzio
Vrede	Pace
Vriendelijkheid	Gentilezza
Wakker	Sveglio

Meer Informatie
Fantascienza

Bioscoop	Cinema
Boeken	Libri
Brand	Fuoco
Denkbeeldig	Immaginario
Dystopie	Distopia
Explosie	Esplosione
Extreem	Estremo
Fantastisch	Fantastico
Futuristisch	Futuristico
Illusie	Illusione
Mysterieus	Misterioso
Orakel	Oracolo
Planeet	Pianeta
Realistisch	Realistico
Robots	Robot
Scenario	Scenario
Sterrenstelsel	Galassia
Technologie	Tecnologia
Utopie	Utopia
Wereld	Mondo

Menselijk Lichaam
Corpo Umano

Been	Gamba
Bloed	Sangue
Elleboog	Gomito
Enkel	Caviglia
Hand	Mano
Hart	Cuore
Hersenen	Cervello
Hoofd	Testa
Huid	Pelle
Kaak	Mascella
Kin	Mento
Knie	Ginocchio
Maag	Stomaco
Mond	Bocca
Nek	Collo
Neus	Naso
Oor	Orecchio
Schouder	Spalla
Tong	Lingua
Vinger	Dito

Metingen
Misurazioni

Breedte	Larghezza
Byte	Byte
Centimeter	Centimetro
Decimaal	Decimale
Diepte	Profondità
Gewicht	Peso
Gram	Grammo
Hoogte	Altezza
Inch	Pollice
Kilogram	Chilogrammo
Kilometer	Chilometro
Lengte	Lunghezza
Liter	Litro
Massa	Massa
Meter	Metro
Minuut	Minuto
Ons	Oncia
Pint	Pinta
Ton	Tonnellata
Volume	Volume

Muziekinstrumenten
Strumenti Musicali

Banjo	Banjo
Cello	Violoncello
Fagot	Fagotto
Fluit	Flauto
Gitaar	Chitarra
Gong	Gong
Harp	Arpa
Hobo	Oboe
Klarinet	Clarinetto
Mandoline	Mandolino
Marimba	Marimba
Mondharmonica	Armonica
Percussie	Percussione
Piano	Pianoforte
Saxofoon	Sassofono
Tamboerijn	Tamburello
Trombone	Trombone
Trommel	Tamburo
Trompet	Tromba
Viool	Violino

Mythologie
Mitologia

Archetype	Archetipo
Bliksem	Fulmine
Creatie	Creazione
Cultuur	Cultura
Donder	Tuono
Doolhof	Labirinto
Gedrag	Comportamento
Held	Eroe
Heldin	Eroina
Hemel	Paradiso
Jaloezie	Gelosia
Kracht	Forza
Krijger	Guerriero
Legende	Leggenda
Monster	Mostro
Onsterfelijkheid	Immortalità
Ramp	Disastro
Sterfelijk	Mortale
Wezen	Creatura
Wraak	Vendetta

Natuur
Natura

Arctisch	Artico
Bijen	Api
Bos	Foresta
Dieren	Animali
Dynamisch	Dinamico
Erosie	Erosione
Gebladerte	Fogliame
Gletsjer	Ghiacciaio
Heiligdom	Santuario
Klippen	Scogliere
Mist	Nebbia
Rivier	Fiume
Schoonheid	Bellezza
Schuilplaats	Rifugio
Sereen	Sereno
Tropisch	Tropicale
Vitaal	Vitale
Wild	Selvaggio
Woestijn	Deserto
Wolken	Nuvole

Oceaan
Oceano

Aal	Anguilla
Algen	Alghe
Boot	Barca
Dolfijn	Delfino
Garnaal	Gamberetto
Getijden	Maree
Haai	Squalo
Koraal	Corallo
Krab	Granchio
Kwal	Medusa
Octopus	Polpo
Oester	Ostrica
Rif	Scogliera
Schildpad	Tartaruga
Spons	Spugna
Storm	Tempesta
Tonijn	Tonno
Vis	Pesce
Walvis	Balena
Zout	Sale

Om in te Vullen
Riempire

Bekken	Bacino
Buis	Tubo
Dienblad	Vassoio
Doos	Scatola
Emmer	Secchio
Envelop	Busta
Fles	Bottiglia
Karton	Cartone
Koffer	Valigia
Krat	Cassa
Lade	Cassetto
Mand	Cesto
Map	Cartella
Pakje	Pacchetto
Vaas	Vaso
Vat	Barile
Zak	Borsa

Piraten
Pirati

Anker	Ancora
Avontuur	Avventura
Bemanning	Equipaggio
Eiland	Isola
Gevaar	Pericolo
Goud	Oro
Grot	Grotta
Kaart	Mappa
Kapitein	Capitano
Kompas	Bussola
Legende	Leggenda
Litteken	Cicatrice
Oceaan	Oceano
Papegaai	Pappagallo
Rum	Rum
Schat	Tesoro
Slecht	Cattivo
Strand	Spiaggia
Vlag	Bandiera
Zwaard	Spada

Regenwoud
Foresta Pluviale

Amfibieën	Anfibi
Behoud	Preservazione
Botanisch	Botanico
Diversiteit	Diversità
Gemeenschap	Comunità
Inheems	Indigeno
Insecten	Insetti
Jungle	Giungla
Klimaat	Clima
Mos	Muschio
Natuur	Natura
Overleving	Sopravvivenza
Respect	Rispetto
Restauratie	Restauro
Soort	Specie
Toevlucht	Rifugio
Vogels	Uccelli
Waardevol	Prezioso
Wolken	Nuvole
Zoogdieren	Mammiferi

Restaurant #1
Ristorante #1

Allergie	Allergia
Bord	Piatto
Brood	Pane
Eten	Mangiare
Ingrediënten	Ingredienti
Kassier	Cassiere
Keuken	Cucina
Kip	Pollo
Koffie	Caffè
Kom	Ciotola
Menu	Menù
Mes	Coltello
Pittig	Piccante
Reservering	Prenotazione
Saus	Salsa
Serveerster	Cameriera
Servet	Tovagliolo
Toetje	Dessert
Vlees	Carne
Voedsel	Cibo

Restaurant #2
Ristorante #2

Cake	Torta
Diner	Cena
Drank	Bevanda
Eieren	Uova
Fruit	Frutta
Groente	Verdure
Heerlijk	Delizioso
Ijs	Ghiaccio
Lepel	Cucchiaio
Lunch	Pranzo
Ober	Cameriere
Salade	Insalata
Soep	Minestra
Specerijen	Spezie
Stoel	Sedia
Vis	Pesce
Voorgerecht	Aperitivo
Vork	Forchetta
Water	Acqua
Zout	Sale

Rijden
Guida

Auto	Auto
Brandstof	Carburante
Garage	Garage
Gas	Gas
Gevaar	Pericolo
Kaart	Mappa
Licentie	Licenza
Motor	Motore
Motorfiets	Moto
Ongeluk	Incidente
Politie	Polizia
Remmen	Freni
Snelheid	Velocità
Tunnel	Tunnel
Veiligheid	Sicurezza
Verkeer	Traffico
Vervoer	Trasporto
Voetganger	Pedonale
Vrachtauto	Camion
Weg	Strada

Schaken
Scacchi

Diagonaal	Diagonale
Kampioen	Campione
Koning	Re
Koningin	Regina
Leren	Per Imparare
Offer	Sacrificio
Passief	Passivo
Punten	Punti
Reglement	Regole
Slim	Intelligente
Spel	Gioco
Speler	Giocatore
Strategie	Strategia
Tegenstander	Avversario
Tijd	Tempo
Toernooi	Torneo
Uitdagingen	Sfide
Wedstrijd	Concorso
Wit	Bianco
Zwart	Nero

School #1
Scuola #1

Alfabet	Alfabeto
Antwoorden	Risposte
Bibliotheek	Biblioteca
Boeken	Libri
Bureau	Scrivania
Examens	Esami
Klaslokaal	Aula
Leraar	Insegnante
Leren	Per Imparare
Lunch	Pranzo
Mappen	Cartelle
Markeringen	Marcatori
Papier	Carta
Pennen	Penne
Plezier	Divertimento
Potlood	Matita
Quiz	Quiz
Stoel	Sedia
Vrienden	Amici
Wiskunde	Matematica

School #2
Scuola #2

Academisch	Accademico
Bibliotheek	Biblioteca
Boeken	Libri
Bus	Autobus
Computer	Computer
Gom	Gomma
Grammatica	Grammatica
Kalender	Calendario
Leraar	Insegnante
Literatuur	Letteratura
Onderwijs	Educazione
Papier	Carta
Pennen	Penne
Potlood	Matita
Rugzak	Zaino
Schaar	Forbici
Schoenen	Scarpe
Wetenschap	Scienza
Wiskunde	Matematica
Woordenboek	Dizionario

Specerijen
Spezie

Anijs	Anice
Bitter	Amaro
Fenegriek	Fieno Greco
Gember	Zenzero
Kaneel	Cannella
Kardemom	Cardamomo
Kerrie	Curry
Knoflook	Aglio
Komijn	Cumino
Koriander	Coriandolo
Nootmuskaat	Noce Moscata
Paprika	Paprika
Peper	Pepe
Saffraan	Zafferano
Smaak	Gusto
Ui	Cipolla
Vanille	Vaniglia
Venkel	Finocchio
Zoet	Dolce
Zout	Sale

Speelgoed
Giocattoli

Ambachten	Artigianato
Auto	Auto
Bal	Palla
Boeken	Libri
Boot	Barca
Drums	Batteria
Favoriet	Preferito
Fiets	Bicicletta
Games	Giochi
Klei	Argilla
Pop	Bambola
Puzzel	Puzzle
Robot	Robot
Schaak	Scacchi
Trein	Treno
Verbeelding	Immaginazione
Verf	Vernici
Vlieger	Aquilone
Vliegtuig	Aereo
Vrachtauto	Camion

Sport
Sport

Atleet	Atleta
Basketbal	Basket
Beweging	Movimento
Fiets	Bicicletta
Golf	Golf
Gymnasium	Palestra
Gymnastiek	Ginnastica
Hockey	Hockey
Honkbal	Baseball
Kampioenschap	Campionato
Scheidsrechter	Arbitro
Spel	Gioco
Speler	Giocatore
Stadion	Stadio
Team	Squadra
Tennis	Tennis
Trainer	Allenatore
Winnaar	Vincitore
Zwemmen	Nuotare

Stad
Città

Apotheek	Farmacia
Bakkerij	Panetteria
Bank	Banca
Bibliotheek	Biblioteca
Bioscoop	Cinema
Bloemist	Fiorista
Boekhandel	Libreria
Dierentuin	Zoo
Galerij	Galleria
Hotel	Hotel
Kliniek	Clinica
Luchthaven	Aeroporto
Markt	Mercato
Museum	Museo
School	Scuola
Stadion	Stadio
Supermarkt	Supermercato
Theater	Teatro
Universiteit	Università
Winkel	Negozio

Strand
Spiaggia

Blauw	Blu
Boot	Barca
Dok	Dock
Eiland	Isola
Handdoek	Asciugamano
Krab	Granchio
Kust	Costa
Lagune	Laguna
Oceaan	Oceano
Paraplu	Ombrello
Rif	Scogliera
Sandalen	Sandali
Vakantie	Vacanza
Zand	Sabbia
Zee	Mare
Zeilboot	Barca a Vela
Zon	Sole
Zwemmen	Nuotare

Surfen
Surf

Atleet	Atleta
Beginner	Principiante
Extreem	Estremo
Golf	Onda
Kampioen	Campione
Kracht	Forza
Maag	Stomaco
Menigte	Folla
Oceaan	Oceano
Peddelen	Pagaia
Plezier	Divertimento
Populair	Popolare
Rif	Scogliera
Schuim	Schiuma
Snelheid	Velocità
Spray	Spray
Stijl	Stile
Strand	Spiaggia
Weer	Meteo
Zwemmen	Nuotare

Technologie
Tecnologia

Bericht	Messaggio
Bestand	File
Blog	Blog
Browser	Browser
Bytes	Byte
Camera	Telecamera
Computer	Computer
Cursor	Cursore
Digitaal	Digitale
Gegevens	Dati
Internet	Internet
Lettertype	Font
Onderzoek	Ricerca
Scherm	Schermo
Software	Software
Statistiek	Statistiche
Veiligheid	Sicurezza
Virtueel	Virtuale
Virus	Virus

Tijd
Tempo

Dag	Giorno
Decennium	Decennio
Eeuw	Secolo
Gisteren	Ieri
Jaar	Anno
Jaarlijks	Annuale
Kalender	Calendario
Klok	Orologio
Maand	Mese
Middag	Mezzogiorno
Minuut	Minuto
Morgen	Domani
Na	Dopo
Nacht	Notte
Ochtend	Mattina
Toekomst	Futuro
Uur	Ora
Vandaag	Oggi
Vroeg	Presto
Week	Settimana

Tuin
Giardino

Bank	Panca
Bloem	Fiore
Boom	Albero
Boomgaard	Frutteto
Garage	Garage
Gazon	Prato
Gras	Erba
Hangmat	Amaca
Hark	Rastrello
Hek	Recinto
Onkruid	Erbacce
Rotsen	Rocce
Schop	Pala
Slang	Tubo
Struik	Cespuglio
Terras	Terrazza
Trampoline	Trampolino
Tuin	Giardino
Vijver	Stagno
Wijnstok	Vite

Vakantie #1
Vacanza #1

Auto	Auto
Douane	Dogana
Expeditie	Spedizione
Kaartje	Biglietto
Koffer	Valigia
Meer	Lago
Museum	Museo
Ontspanning	Rilassamento
Paraplu	Ombrello
Reisplan	Itinerario
Rugzak	Zaino
Toerist	Turismo
Tram	Tram
Valuta	Valuta
Vertrek	Partenza
Vliegtuig	Aereo
Zwemmen	Nuotare

Vakantie #2
Vacanze #2

Bestemming	Destinazione
Buitenlander	Straniero
Eiland	Isola
Hotel	Hotel
Kaart	Mappa
Kamperen	Campeggio
Luchthaven	Aeroporto
Paspoort	Passaporto
Reis	Viaggio
Reserveringen	Prenotazioni
Restaurant	Ristorante
Strand	Spiaggia
Taxi	Taxi
Tent	Tenda
Trein	Treno
Vakantie	Vacanza
Vervoer	Trasporto
Visum	Visto
Vrije Tijd	Tempo Libero
Zee	Mare

Verjaardag
Compleanno

Cake	Torta
Dag	Giorno
Geboren	Nato
Gelukkig	Felice
Geschenk	Regalo
Herinneringen	Ricordi
Jaar	Anno
Jong	Giovane
Kaarsen	Candele
Kaarten	Carte
Kalender	Calendario
Lied	Canzone
Partij	Partito
Plezier	Divertimento
Speciaal	Speciale
Tijd	Tempo
Uitnodigingen	Inviti
Viering	Celebrazione
Vrienden	Amici
Wijsheid	Saggezza

Vissen
Pesca

Aas	Esca
Apparatuur	Attrezzatura
Boot	Barca
Draad	Filo
Geduld	Pazienza
Gewicht	Peso
Haak	Gancio
Kaak	Mascella
Kieuwen	Branchie
Kok	Cucinare
Mand	Cesto
Meer	Lago
Oceaan	Oceano
Overdrijving	Esagerazione
Rivier	Fiume
Seizoen	Stagione
Strand	Spiaggia
Vinnen	Pinne
Water	Acqua

Vliegtuigen
Aeroplani

Afdaling	Discesa
Atmosfeer	Atmosfera
Avontuur	Avventura
Ballon	Palloncino
Bemanning	Equipaggio
Bouw	Costruzione
Brandstof	Carburante
Geschiedenis	Storia
Hemel	Cielo
Hoogte	Altezza
Landen	Atterraggio
Lucht	Aria
Motor	Motore
Navigeren	Navigare
Ontwerp	Design
Passagier	Passeggero
Piloot	Pilota
Richting	Direzione
Turbulentie	Turbolenza
Waterstof	Idrogeno

Voeding
Nutrizione

Bitter	Amaro
Calorieën	Calorie
Dieet	Dieta
Eetbaar	Commestibile
Eetlust	Appetito
Eiwitten	Proteine
Evenwichtig	Bilanciato
Fermentatie	Fermentazione
Gewicht	Peso
Gezond	Sano
Gezondheid	Salute
Koolhydraten	Carboidrati
Kwaliteit	Qualità
Saus	Salsa
Smaak	Gusto
Spijsvertering	Digestione
Toxine	Tossina
Vitamine	Vitamina
Vloeistoffen	Liquidi
Voedingsstof	Nutriente

Voertuigen
Veicoli

Ambulance	Ambulanza
Auto	Auto
Banden	Pneumatici
Boot	Barca
Bus	Autobus
Caravan	Caravan
Fiets	Bicicletta
Helikopter	Elicottero
Metro	Metropolitana
Motor	Motore
Onderzeeër	Sottomarino
Raket	Razzo
Scooter	Scooter
Taxi	Taxi
Tractor	Trattore
Trein	Treno
Veerboot	Traghetto
Vliegtuig	Aereo
Vlot	Zattera
Vrachtauto	Camion

Vogels
Uccelli

Duif	Piccione
Eend	Anatra
Ei	Uovo
Flamingo	Fenicottero
Gans	Oca
Havik	Falco
Kip	Pollo
Koekoek	Cuculo
Meeuw	Gabbiano
Mus	Passero
Ooievaar	Cicogna
Papegaai	Pappagallo
Pauw	Pavone
Pelikaan	Pellicano
Pinguïn	Pinguino
Reiger	Airone
Struisvogel	Struzzo
Toekan	Tucano
Uil	Gufo
Zwaan	Cigno

Vormen
Forme

Bol	Sfera
Boog	Arco
Cilinder	Cilindro
Cirkel	Cerchio
Curve	Curva
Driehoek	Triangolo
Hoek	Angolo
Hyperbool	Iperbole
Kant	Lato
Kegel	Cono
Kubus	Cubo
Lijn	Linea
Ovaal	Ovale
Piramide	Piramide
Prisma	Prisma
Randen	Bordi
Rechthoek	Rettangolo
Ronde	Rotondo
Veelhoek	Poligono
Vierkant	Quadrato

Wandelen
Escursionismo

Berg	Montagna
Dieren	Animali
Gevaren	Pericoli
Kaart	Mappa
Kamperen	Campeggio
Klif	Scogliera
Klimaat	Clima
Laarzen	Stivali
Moe	Stanco
Muggen	Zanzare
Natuur	Natura
Oriëntatie	Orientamento
Parken	Parchi
Stenen	Pietre
Top	Vertice
Voorbereiding	Preparazione
Water	Acqua
Wild	Selvaggio
Zon	Sole
Zwaar	Pesante

Water
Acqua

Douche	Doccia
Drinkbaar	Potabile
Geiser	Geyser
Golven	Onde
Ijs	Ghiaccio
Irrigatie	Irrigazione
Kanaal	Canale
Meer	Lago
Moesson	Monsone
Oceaan	Oceano
Orkaan	Uragano
Overstroming	Alluvione
Regen	Pioggia
Rivier	Fiume
Sneeuw	Neve
Stoom	Vapore
Verdamping	Evaporazione
Vochtig	Umido
Vochtigheid	Umidità
Vorst	Gelo

Weersomstandigheden
Meteo

Atmosfeer	Atmosfera
Bliksem	Fulmine
Donder	Tuono
Droogte	Siccità
Hemel	Cielo
Ijs	Ghiaccio
Klimaat	Clima
Mist	Nebbia
Moesson	Monsone
Orkaan	Uragano
Overstroming	Alluvione
Polair	Polare
Regenboog	Arcobaleno
Storm	Tempesta
Temperatuur	Temperatura
Tornado	Tornado
Tropisch	Tropicale
Vochtig	Umido
Wind	Vento
Wolk	Nube

Wetenschap
Scienza

Atoom	Atomo
Chemisch	Chimico
Deeltjes	Particelle
Evolutie	Evoluzione
Experiment	Esperimento
Feit	Fatto
Fossiel	Fossile
Gegevens	Dati
Hypothese	Ipotesi
Klimaat	Clima
Laboratorium	Laboratorio
Methode	Metodo
Mineralen	Minerali
Moleculen	Molecole
Natuur	Natura
Natuurkunde	Fisica
Observatie	Osservazione
Organisme	Organismo
Wetenschapper	Scienziato
Zwaartekracht	Gravità

Wetenschappelijke Discip
Discipline Scientifiche

Anatomie	Anatomia
Archeologie	Archeologia
Astronomie	Astronomia
Biochemie	Biochimica
Biologie	Biologia
Chemie	Chimica
Ecologie	Ecologia
Fysiologie	Fisiologia
Geologie	Geologia
Immunologie	Immunologia
Mechanica	Meccanica
Meteorologie	Meteorologia
Mineralogie	Mineralogia
Neurologie	Neurologia
Plantkunde	Botanica
Psychologie	Psicologia
Robotica	Robotica
Sociologie	Sociologia
Thermodynamica	Termodinamica
Voeding	Nutrizione

Wiskunde
Matematica

Bol	Sfera
Decimaal	Decimale
Diameter	Diametro
Divisie	Divisione
Driehoek	Triangolo
Exponent	Esponente
Fractie	Frazione
Geometrie	Geometria
Hoeken	Angoli
Omtrek	Perimetro
Parallel	Parallelo
Rechthoek	Rettangolo
Rekenkundig	Aritmetica
Som	Somma
Straal	Raggio
Symmetrie	Simmetria
Veelhoek	Poligono
Vergelijking	Equazione
Vierkant	Quadrato
Volume	Volume

Zomer
Estate

Boeken	Libri
Duiken	Immersione
Familie	Famiglia
Herinneringen	Ricordi
Huis	Casa
Kamperen	Campeggio
Muziek	Musica
Ontspanning	Rilassamento
Reis	Viaggio
Sandalen	Sandali
Sterren	Stelle
Strand	Spiaggia
Tuin	Giardino
Vakantie	Vacanza
Voedsel	Cibo
Vreugde	Gioia
Vrienden	Amici
Vrije Tijd	Tempo Libero
Zee	Mare
Zwemmen	Nuotare

Zoogdieren
Mammiferi

Aap	Scimmia
Bever	Castoro
Coyote	Coyote
Dolfijn	Delfino
Ezel	Asino
Geit	Capra
Giraf	Giraffa
Gorilla	Gorilla
Hond	Cane
Kameel	Cammello
Kangoeroe	Canguro
Kat	Gatto
Konijn	Coniglio
Leeuw	Leone
Olifant	Elefante
Paard	Cavallo
Stier	Toro
Vos	Volpe
Walvis	Balena
Wolf	Lupo

Gefeliciteerd

Je hebt het gehaald!

We hopen dat u net zoveel plezier beleeft aan dit boek als wij aan het maken ervan. We doen ons best om spellen van hoge kwaliteit te maken.
Deze puzzels zijn op een slimme manier ontworpen zodat je actief kunt leren terwijl je plezier hebt!

Vond je ze mooi?

Een Eenvoudig Verzoek

Onze boeken bestaan dankzij de recensies die zij publiceren. Kunt u ons helpen door nu een mening achter te laten ?

Hier is een korte link die u naar uw bestellingen beoordelingspagina.

BestBooksActivity.com/Recensie50

FINAAL UITDAGING!

Uitdaging nr. 1

Klaar voor uw bonusspel? We gebruiken ze de hele tijd, maar ze zijn niet zo gemakkelijk te vinden. Hier zijn **Synoniemen!**

Noteer 5 woorden die je ontdekt hebt in elk van de onderstaande puzzels (nr. 21, nr. 36, nr. 76) en probeer voor elk woord 2 synoniemen te vinden.

Notitie 5 Woorden uit *Puzzle 21*

Woorden	Synoniem 1	Synoniem 2

Notitie 5 Woorden uit *Puzzle 36*

Woorden	Synoniem 1	Synoniem 2

Notitie 5 Woorden uit *Puzzle 76*

Woorden	Synoniem 1	Synoniem 2

Uitdaging nr. 2

Nu je opgewarmd bent, noteer 5 woorden die je ontdekt hebt in elke hieronder genoteerde puzzel (nr. 9, nr. 17, nr. 25) en probeer voor elk woord 2 antoniemen te vinden. Hoeveel regels kan je doen in 20 minuten?

Notitie 5 Woorden uit **Puzzle 9**

Woorden	Antoniem 1	Antoniem 2

Notitie 5 Woorden uit **Puzzle 17**

Woorden	Antoniem 1	Antoniem 2

Notitie 5 Woorden uit **Puzzle 25**

Woorden	Antoniem 1	Antoniem 2

Uitdaging nr. 3

Prachtig, deze finaal uitdaging  is makkelijk voor jou!

Klaar voor de laatste? Kies je 10 favoriete woorden die je in een van de puzzels hebt ontdekt en noteer ze hieronder.

1.	6.
2.	7.
3.	8.
4.	9.
5.	10.

De uitdaging is nu om met deze woorden en binnen een maximum van zes zinnen een tekst te schrijven over een persoon, dier of plaats waar je van houdt!

Tip: U kunt de laatste blanco pagina van dit boek als kladblaadje gebruiken!

Je schrijven:

NOTITIEBOEKJE:

TOT SNEL!

Linguas Classics

GENIET VAN GRATIS SPELLEN

GO

↓

BESTACTIVITYBOOKS.COM/FREEGAMES